SOBRE O ENSINO
(De magistro)

OS SETE PECADOS CAPITAIS

SOBRE O ENSINO
(De magistro)

OS SETE PECADOS CAPITAIS

Tomás de Aquino

Tradução e estudos introdutórios
LUIZ JEAN LAUAND

Martins Fontes
São Paulo 2004

Títulos dos originais: *DE MAGISTRO e questões de 8 a 15 de DE MALO.*
Copyright © 2001, Livraria Martins Fontes Editora Ltda.,
São Paulo, para a presente edição.

1ª edição
fevereiro de 2001
2ª edição
outubro de 2004

Tradução e estudos introdutórios
LUIZ JEAN LAUAND

Preparação do original
Luzia Aparecida dos Santos
Revisão gráfica
Ana Maria de O. M. Barbosa
Solange Martins
Produção gráfica
Geraldo Alves
Paginação/Fotolitos
Studio 3 Desenvolvimento Editorial

Dados Internacionais de Catalogação na Publicação (CIP)
(Câmara Brasileira do Livro, SP, Brasil)

Tomás, de Aquino, Santo, 1225-1274.
 Sobre o ensino (De magistro), os sete pecados capitais / Tomás de Aquino ; tradução e estudos introdutórios Luiz Jean Lauand. – 2ª ed. – São Paulo : Martins Fontes, 2004. – (Clássicos)

 Título original: De magistro e questões de 8 a 15 de De malo
 ISBN 85-336-2066-7

 1. Ensino 2. Escolástica 3. Ética 4. Filosofia medieval 5. Pecados capitais 6. Tomás, de Aquino, Santo, 1225?-1274 I. Título. II. Série.

04-6733   CDD-189.4

Índices para catálogo sistemático:
1. Tomismo : Escolástica : Filosofia medieval   189.4

Todos os direitos desta edição para a língua portuguesa reservados à
Livraria Martins Fontes Editora Ltda.
Rua Conselheiro Ramalho, 330 01325-000 São Paulo SP Brasil
Tel. (11) 3241.3677 Fax (11) 3105.6867
e-mail: info@martinsfontes.com.br http://www.martinsfontes.com.br

Índice

Apresentação.. VII
Cronologia.. IX

SOBRE O ENSINO (DE MAGISTRO)

Introdução (LJL)...................................... 3
Sobre o ensino – Tomás de Aquino............... 23

OS SETE PECADOS CAPITAIS

Introdução (LJL)...................................... 65
Os sete pecados capitais – Tomás de Aquino...... 75

APÊNDICES

Nota introdutória (LJL)............................. 113
1. Sentenças sobre a inveja........................ 115
2. Sentenças sobre a avareza...................... 127
3. Sentenças sobre a ética......................... 135

Apresentação

Apresentamos ao leitor dois importantes estudos de Tomás de Aquino: um dedicado ao ensino, outro à ética: *Sobre o ensino* e *Os sete pecados capitais*.

No estudo e apêndices que os acompanham, mais do que esmiuçar as teses que o leitor irá encontrar no próprio texto de Tomás, optamos por privilegiar, em cada caso, o referencial mais amplo que permita situar – no quadro de sua filosofia – cada um desses opúsculos do Aquinate: assim, apresentamos os conceitos fundamentais da antropologia e do conhecimento como prólogo ao *Sobre o ensino* e um enquadramento da ética – em sentenças do próprio Tomás – como *Apêndice* aos *Pecados capitais*, além de uma seleção especial de sentenças sobre a inveja e a avareza.

Sobre o ensino, o *De magistro*, é a questão 11 das *Quaestiones Disputatae de Veritate*[1] de Tomás e segue o sistema geral dessas aulas do Aquinate (por essa razão,

---

1. O texto latino de que fundamentalmente nos valemos para essa tradução do *De Veritate* é o da edição eletrônica feita por Roberto Busa, *Thomae Aquinatis Opera Omnia* cum hypertextibus in CD-ROM. Milão, Editoria Elettronica Editel, 1992 (*Textus Leoninus aequiparatus*).

retomamos em sua introdução algumas considerações que
tecíamos ao apresentar, para esta mesma coleção, as questões sobre a verdade e o verbo²).

O opúsculo *Os sete pecados capitais* compõe-se de uma seleção de trechos das obras *Questões disputadas sobre o mal*³ e da *Suma teológica*.

LUIZ JEAN LAUAND
março de 2000

....

2. Cf. Tomás de Aquino, *Verdade e conhecimento*, São Paulo, Martins Fontes, 1999; trad. e estudos introdutórios de Luiz Jean Lauand e M. B. Sproviero. Nessa edição, o leitor encontrará um estudo biobibliográfico sobre Tomás que traz também alguns outros textos do Aquinate (das *Questões disputadas sobre a verdade* e do *Comentário ao Evangelho de João*). E em outro volume desta mesma "Coleção Clássicos" – *Cultura e Educação na Idade Média*, L. J. Lauand (org.) – encontram-se outros quatro pequenos estudos de Tomás de Aquino sobre o amor, o estudo, o bom humor e o reinado de Cristo (comentário ao salmo 2).

3. O texto latino de que nos valemos para a tradução dos artigos do *De Malo* é o texto crítico da edição leonina: S. Thomae Aquinatis Doctoris Angelici, *Opera Omnia* iussu Leonis XIII, P. M. edita, curo et studio fratrum praedicatorum, Romae 1882 ss., reproduzido na edição *I vizi capitali* (intr., trad. e nota di Umberto Galeazzi), Milão, Biblioteca Universale Rizoli, 1996. A *Summa* e as sentenças seguem a edição eletrônica feita por Roberto Busa, *Thomae Aquinatis Opera Omnia* cum hypertextibus in CD-ROM. Milão, Editoria Elettronica Editel, 1992.

Cronologia

Contexto em que ocorre o nascimento de Tomás

c. 1170. Nascimento de São Domingos em Caleruega (Castela).

1182. Nascimento de Francisco de Assis. Francisco e Domingos irão fundar, no começo do séc. XIII, as ordens mendicantes: franciscanos e dominicanos. As ordens mendicantes, voltadas para a vida urbana, e, posteriormente, para a Universidade, sofrerão duras perseguições em Paris.

c. 1197. Nascimento de Alberto Magno, um dos primeiros grandes pensadores dominicanos, mestre de Tomás.

1210. Primeira proibição eclesiástica de Aristóteles em Paris.

1215. Estatutos fundacionais da Universidade de Paris.
Inglaterra: Carta Magna.
Fundação da Ordem dos Pregadores.

1220. Coroação do imperador Frederico II.

1224-5. Nascimento de Tomás no castelo de Aquino, em Roccasecca (reino de Nápoles). Filho de Landolfo e Teodora. Seu pai e um de seus irmãos pertencem à aristocracia da corte de Frederico II.

Frederico II funda a Universidade de Nápoles para competir com a Universidade de Bolonha (pontifícia).

1226. Morte de São Francisco de Assis.

Infância e adolescência no Reino de Nápoles

1231. Tomás é enviado como oblato à abadia de Monte Cassino (situada entre Roma e Nápoles). Monte Cassino, além de abadia beneditina, é também um ponto crucial na geopolítica da região: é um castelo de divisa entre os territórios imperiais e pontifícios.

1239-44. Tomás estuda Artes Liberais na Universidade de Nápoles e toma contato com a Lógica e a Filosofia Natural de Aristóteles, em pleno processo de redescoberta no Ocidente. Conhece também a recém-fundada ordem dominicana, que – junto com a franciscana – encarna o ideal de pobreza e de renovação moral da Igreja.

Juventude na Ordem dos Frades Pregadores

1244. Tomás integra-se aos dominicanos de Nápoles, sob forte oposição da família, que tinha para o jovem Tomás outros planos que não o de ingressar numa ordem de pobreza.

1245-8. Superada a oposição da família, Tomás faz seu noviciado e estudos em Paris. A Universidade de Paris, desde há muito, goza de um prestígio incomparável.

1248. Sexta Cruzada.
1248-52. Tomás com Alberto Magno em Colônia, onde em 1250-1 recebe a ordenação sacerdotal.
1250. Morre Frederico II.

Os anos de maturidade

1252-9. Tomás professor em Paris. Inicialmente (1252-6), como bacharel sentenciário e, de 1256 a 1259, como mestre regente de Teologia. Escreve o *Comentário às sentenças de Pedro Lombardo*. Em 1259, começa a redigir a *Summa contra Gentiles*. Em defesa da causa das ordens mendicantes, perseguidas, escreve em 1256 o *Contra impugnantes Dei cultum et religionem*.
1260-1. Tomás é enviado a Nápoles para organizar os estudos da Ordem. Continua a compor a *Contra Gentiles*.
1261-4. O papa Urbano IV – pensando numa união entre o Oriente cristão e a cristandade ocidental – leva Tomás por três anos a sua corte em Orvieto.
1264. Tomás conclui a *Summa contra Gentiles*.
1265. Tomás é enviado a Roma com o encargo da direção da escola de Santa Sabina. Começa a escrever seus comentários a Aristóteles e a *Summa theologica*. Nascimento de Dante Alighieri.
1266. Nascimento de Giotto.
1267. Um novo papa, Clemente IV, chama Tomás à sua corte em Viterbo, onde permanece até o ano seguinte.
1269-72. Tomás exerce sua segunda regência de cátedra em Paris. Escreve o *Comentário ao Evangelho de*

João. Recrudesce a perseguição contra as ordens mendicantes na Universidade de Paris.
1272-3. Tomás regente de Teologia em Nápoles.
1274. Tomás morre a caminho do Concílio de Lyon.
1277. Condenação, por parte do bispo de Paris, de 219 proposições filosóficas e teológicas (algumas de Tomás) em Paris.
1280. Morte de Alberto Magno.
1323. Tomás é canonizado por João XXII.

SOBRE O ENSINO
(DE MAGISTRO)

Introdução

Sendo o *De magistro* de Tomás uma das questões disputadas sobre a verdade (a de nº 11), comecemos por relembrar o papel que essas questões tinham na universidade medieval.

A quaestio disputata, *essência da universidade medieval*

Da primeira regência de Tomás na Universidade de Paris procedem as *Quaestiones Disputatae de Veritate*. Essas questões foram disputadas em Paris de 1256 a 1259: as questões 1 a 7 (sobre a verdade; o conhecimento de Deus; as idéias divinas; o *verbum*; a Providência Divina; a predestinação e o "livro da vida") são do ano letivo 1256-7; as de 8 a 20 (sabedoria angélica; comunicação angélica; a mente como imagem da Trindade; *o ensino*; a profecia como sabedoria; o êxtase; a fé; a razão superior e a inferior; a sindérese; a consciência; o conhecimento de Adão no Paraíso; o conhecimento da alma depois da morte e o conhecimento de Cristo nesta vida), de 1257-8, e as de 21 a 29 (a bondade; o desejo do bem e a vontade; a vontade de Deus; o livre-arbítrio; o apetite dos sentidos; as paixões humanas; a graça; a justificação do pecador e a graça da alma de Cristo), de 1258-9.

A *quaestio disputata*, como bem salienta Weisheipl[1], integra a própria essência da educação escolástica: "Não era suficiente escutar a exposição dos grandes livros do pensamento ocidental por um mestre; era essencial que as grandes idéias se examinassem criticamente na disputa." E a *disputatio*, na concepção de um filósofo da universidade como Pieper, transcende o âmbito organizacional do *studium* medieval e chega até a constituir a própria essência da universidade em geral[2].

Para que o leitor possa bem avaliar o significado de uma *quaestio disputata* em S. Tomás, apresentaremos o *modus operandi* dessas *quaestiones*, procurando também indicar a *ratio* pedagógica que as informa.

Uma *quaestio disputata* está dedicada a um tema – como por exemplo a verdade ou o *verbum* – e divide-se em artigos, que correspondem a capítulos ou aspectos desse tema. Naturalmente, por detrás da "técnica pedagógica" está um espírito: a *quaestio disputata*, como analisaremos em tópico ulterior, traduz a própria idéia de inteligibilidade – devida ao *Verbum* (o *Logos* divino, o Filho) –, ao mesmo tempo que a de incompreensibilidade, a de pensamento "negativo", também fundada no *Verbum*...

Procurando veicular, operacionalizar em método a vocação de diálogo polifônico – que constitui a razão de ser da *universitas* –, primeiro enuncia-se a tese de cada artigo (já sob a forma de polêmica: "*Utrum...*[3]") e a *quaestio* começa por um *videtur quod non...* ("Parece que não..."), começa por dar voz ao adversário pelas *obiectiones*, objeções à tese que o mestre pretende sustentar.

Já aí se mostra o caráter paradigmático e atemporal (e atual...) da *quaestio disputata*, a essência da universidade, assim discutida

---

1. Weisheipl, James A. *Tomás de Aquino – Vida, obras y doctrina*, Pamplona, Eunsa, 1994, p. 235.
2. Pieper, *Abertura para o todo: a chance da Universidade*, São Paulo, Apel, 1989, p. 44.
3. *Utrum* é o "se" latino que indica uma entre duas possíveis opções (daí *neutrum*, "nem um nem outro").

por Pieper: "Houve na universidade medieval a instituição regular da *disputatio*, que, por princípio, não recusava nenhum argumento e nenhum contendor, prática que obrigava, assim, à consideração temática sob um ângulo universal. Um homem como Santo Tomás de Aquino parece ter considerado que precisamente o espírito da *disputatio* é o espírito da universidade."[4] E prossegue: "O importante é que, por trás da forma externa de disputa verbal regulamentada, a disputa – com toda a agudeza de um confronto real – dá-se no elemento do diálogo. Este ponto decisivo é hoje, para a universidade, mil vezes mais importante do que pode ter sido alguma vez para a universidade medieval."

Nos textos de Tomás, após as objeções, levantam-se contra-objeções (*sed contra*, rápidas e pontuais sentenças colhidas em favor da tese do artigo; ou algumas vezes *in contrarium*, que defendem uma terceira posição que não é a da tese nem a das *obiectiones*). Após ouvir estas vozes, o mestre expõe tematicamente sua tese no corpo do artigo, a *responsio* (solução). Em seguida, a *responsio ad obiecta*, a resposta a cada uma das objeções do início.

Torna-se dispensável dizer que não se entende por *quaestio disputata* nada que tenha que ver com sutilezas enfadonhas e estéreis. Por outro lado, o que afirmamos acima sobre o diálogo e a impossibilidade de dar resposta cabal, de esgotar um assunto filosófico não significa, evidentemente, que na *quaestio disputata* não se deva tomar uma posição e defendê-la: não se trata, de modo algum, de agnosticismo. Podemos conhecer a verdade, mas não podemos esgotá-la. Posto que o homem pode conhecer a verdade (e na medida em que o pode fazer), a discussão filosófica chega a uma *responsio*, a uma certa *determinatio*.

Finalmente, dentre as características da *quaestio disputata* de S. Tomás de Aquino, destaquemos a de dar voz ao adversário com toda a honestidade, formulando sem distorções, exageros ou

---

4. Pieper, *Abertura*..., pp. 44-5.

ironia (o que, em geral, nem sempre ocorre nas polêmicas e debates de hoje), as posições contrárias às que se defendem. Nesse sentido, Pieper faz notar que em S. Tomás a objetividade chega a tal ponto que o leitor menos avisado pode tomar como do Aquinate aquilo que ele recolhe dos adversários a modo de objeção. A propósito[5], é o caso do tão celebrado Carl Prantl, que interpretou como se fosse a posição de Tomás objeções brilhantemente por ele apresentadas às suas próprias teses.

O De magistro e a Antropologia Filosófica

Na "questão disputada" *De magistro*, Tomás de Aquino expõe sua concepção de ensino/aprendizagem em oposição às doutrinas dominantes da época. Por detrás de questões pedagógicas encontram-se, na verdade, concepções filosóficas – a Filosofia da Educação é inseparável da Antropologia Filosófica – e teológicas.

A antropologia de Tomás – revolucionária para a época – afirma o homem em sua totalidade (espiritual, sim, mas de um espírito integrado à matéria) e está em sintonia com uma teologia (também ela dissonante para a época) que, precisamente para afirmar a dignidade de Deus criador, afirma a dignidade do homem e da criação como um todo: material e espiritual. Sugestiva nesse sentido é, por exemplo, a luta que Tomás teve de travar na Universidade de Paris para defender a tese da unicidade da alma no homem: a mesma e única alma é responsável pelos atos mais espirituais e mais prosaicos no homem (a teologia dominante – pensando dar glória a Deus – separava "a alma espiritual" das "outras duas" – sensitiva e vegetativa – em favor de uma antropologia "espiritualista" e desencarnada).

Nesse quadro de oposição a um cristianismo demasiadamente espiritualista e que pretende exagerar o papel de Deus e aniquilar a criatura, compreendem-se as colocações de Tomás e até

---

5. Cf. Pieper, *Wahrheit der Dinge*, Munique, Kösel, 1951, pp. 113 ss.

mesmo os artigos selecionados para a questão: art. 1 – Se o homem – ou somente Deus – pode ensinar e ser chamado mestre; art. 2 – Se se pode dizer que alguém é mestre de si mesmo; art. 3 – Se o homem pode ser ensinado por um anjo; art. 4 – Se ensinar é um ato da vida ativa ou da vida contemplativa.

Não é de estranhar, portanto, que Tomás comece discutindo a objeção: "Se o homem – ou somente Deus – pode ensinar e ser chamado mestre" (o fato curioso é que Tomás discuta isso precisamente como professor em sala de aula...). O exagero do papel de Deus – no caso em relação à aprendizagem – é por conta daquela teologia que considera tão sublime a intelecção humana que, em cada caso que ela ocorre, requereria uma iluminação imediata de Deus. Tomás, em seu realismo, admite uma iluminação de Deus, mas esta iluminação Deus no-la deu de uma vez por todas, dotando-nos da "luz natural da razão", aliás, dependente das coisas mais sensíveis e materiais...

Assim, no debate acadêmico no qual se gera o *De magistro* encontraremos – uma e outra vez – a objeção com que se abre o trabalho: "Diz a Escritura (Mt 23, 8): 'Um só é vosso mestre' (...) ao que diz a *Glosa*[6]: 'não atribuais a homens a honra divina e não usurpeis o que é de Deus'."

Para bem entender este e outros temas do *De magistro* é oportuno oferecer um resumo dos conceitos básicos da antropologia filosófica de Tomás (como se sabe, em boa medida tomada de Aristóteles).

O homem e a alma em Tomás

A palavra-chave para entendermos a doutrina de Tomás sobre o homem é "alma", que, classicamente, designa o princípio

---

6. Entre as autoridades citadas por Tomás está a *Glosa*. A *Glosa* – ordinária e interlinear (esta mais breve) – deriva dos ensinamentos de Anselmo de Laon e de sua escola (séc. XII) e utiliza muito material exegético anterior.

da vida. Chamemos, desde já, a atenção para o fato de que, ao longo deste estudo, aparecerão outras palavras cujo sentido filosófico clássico não coincide exatamente com o sentido usual que lhes damos hoje: "potência", "ato", "matéria", "forma" etc.

O referencial a que Tomás se remete nestes temas é a doutrina basicamente estabelecida por Aristóteles em seu *Peri Psyché*, *Sobre a alma*. A "psicologia" de Aristóteles emergiu como uma reação de equilíbrio e moderação ante o exagerado espiritualismo da antropologia de Platão (que tem encontrado sucessivas versões tanto no Ocidente como no Oriente...). O espiritualismo platônico é uma certa tomada de posição radicalmente dualista diante da questão: "O que é o homem?". Platão situa espírito e matéria como realidades justapostas, disjuntas, em união fraca e extrínseca no homem. O homem, para Platão, seria primordialmente espírito (e o corpo seria, nessa visão, algo assim como um mero cárcere do espírito)[7].

Do ponto de vista aristotélico, esse dualismo platônico atenta contra a intrínseca unidade substancial do homem, ao desprezar a dimensão material do ser humano, exagerando a separação entre o espiritual e o corpóreo. E é esta unidade o que, afinal, permite a cada homem proferir o pronome "eu", englobando tanto o espírito quanto o corpo. Para os platônicos (e para a teologia dominante em Paris no tempo de Tomás), o homem seria essencialmente espírito, em *extrínseca* união com a matéria: a matéria não faria parte da realidade propriamente humana. Já para Tomás há, no homem, uma união *intrínseca* de espírito e matéria[8].

....

7. Platão chega a admitir a existência de três almas no homem, que correspondem às três funções da mesma e única alma humana na doutrina aristotélica.

8. União extrínseca é a que se dá, digamos, entre um indivíduo e sua roupa ou entre o queijo e a goiabada; união intrínseca é a que ocorre, por exemplo, entre um objeto e sua cor (a cor não se dá sem o objeto e nem se dá objeto sem cor).

Do ponto de vista de Aristóteles e Tomás, a questão "O que é o homem?" é inquietante porque a realidade humana se apresenta como fenômeno muito complexo, integrando em si a unidade harmônica de espírito e matéria. Assim, a dimensão corporal é plenamente afirmada e reconhecida como integrante da natureza humana: o fato, afinal evidente, de que o homem é um animal, compartilhando uma dimensão material – um corpo, uma bioquímica... – com os *outros animais*[9]. Mas, se por um lado afirma-se a realidade corpórea, por outro afirma-se, com igual veemência, que há também, no homem, uma transcendência do âmbito meramente biológico: certas características que, classicamente, têm sido chamadas de espirituais, ligadas – como veremos mais adiante – às duas faculdades espirituais da alma humana: a inteligência e a vontade.

Potência-Ato. Matéria-Forma. Alma

O realismo aristotélico é considerado um dualismo equilibrado e apresenta uma grande unidade em sua concepção teórica, uma unidade centrada no conceito de "alma". É muito importante destacar essa unidade. Para Aristóteles e para Tomás a filosofia do homem é uma extensão da filosofia do ser vivo em geral, e esta, por sua vez, continua a mesma linha de análise filosófica do ser material em geral. Afirma-se pois, plenamente, a realidade espiritual, mas em articulação, em íntima conexão com a matéria.

A filosofia de Tomás reconhece uma impressionante unidade no mundo material: a mesma estrutura de análise filosófica do ente físico em geral, de uma pedra, digamos, é aplicada a todos os viventes e, também, ao homem, que é um ente espiritual.

....

9. E aqui é interessante notar a força do realismo de Tomás: a própria expressão "outros animais", em suas diversas formas latinas – *alia animalia, aliis animalibus* etc. – aparece nada menos do que cerca de quatrocentas vezes na obra do Aquinate.

Não é o caso aqui de examinarmos com detalhes técnicos os conceitos filosóficos que integram essa análise. Em todo caso, vale a pena mencionar, brevemente, alguns desses conceitos como: potência e ato; matéria e forma; alma e espírito.

Potência e ato são dois modos distintos e fundamentais de ser. Sendo modos fundamentais de ser são, a rigor, indefiníveis. Aristóteles contenta-se com descrevê-los: *potência* é a possibilidade, a potencialidade de vir a ser *ato*. E o *ser-em-ato* é aquele que propriamente é, enquanto o *ser-em-potência* pode vir a ser ato. O exemplo clássico é o da semente (potência) que pode vir a ser árvore (a árvore real é o ato contido na potência, na potencialidade da semente). Encontramos, ainda hoje, vestígios desse uso aristotélico da palavra "ato". Nesse sentido, é interessante notar o tributo que a língua inglesa paga a Aristóteles: para referir-se ao que realmente é, à realidade de fato, o inglês diz *actually*, que significa, ao pé da letra, o advérbio do ato, *atual*-mente, significando: de verdade, de fato. E quando, em português, dizemos que algo é *exato*, estamos pensando em *ex-actu*, *ex* – a partir de / – *actu*, a realidade[10].

Para a análise do ser vivo (como para a análise do ser físico em geral) Tomás, seguindo Aristóteles, aplica o binômio ato-potência, sob a formulação matéria-forma. Devemos pensar estas palavras "matéria" e "forma" não no sentido usual que lhes damos hoje, mas num outro sentido, naquele que recebem no quadro da filosofia aristotélica da natureza, denominada *hilemorfismo* (literalmente: matéria-forma; *hilé-morfê*).

Assim, *matéria* ou *matéria-prima*[11] deve ser entendida simplesmente como potencialidade, como pura possibilidade de ser ente físico. Uma potência que se vê realizada (*atualizada*) pela

....

10. Um terno *exato* em suas medidas e feitura é um terno feito a partir da realidade do sujeito que vai usá-lo, e não, digamos, um terno comprado pronto e mal-ajustado a quem o usa...

11. Conceito que, aliás, não coincide com a acepção industrial que hoje damos à expressão "matéria-prima".

união com o *ato* que é a forma (substancial[12]). Desse modo, um ser físico qualquer, digamos, um diamante é composto de *matéria* e *forma*, em união intrínseca: a matéria-prima é a pura potência de ser ente físico e a forma substancial é o ato primeiro, fundamental, que determina a atualização dessa potência. Assim, se o diamante é um ser físico, é porque tem possibilidade, potencialidade de sê-lo (e assim todo ser físico tem matéria-prima, potencialidade de ser um ente físico).

Essa potencialidade da matéria-prima é realizada, atualizada, recebe seu ato, sua realidade, pela forma substancial: aquele componente que faz com que o diamante seja diamante e não, digamos, um gato ou uma orquídea. O diamante, a orquídea, o gato e o homem têm algo em comum: todos são seres físicos que se constituem, portanto, da pura potencialidade indeterminada que é a matéria-prima. Mas são distintos pela forma que cada um tem e que faz com que cada um seja o que é: o diamante é diamante porque tem forma substancial de diamante; Mimi é gato porque tem forma substancial de gato; João é homem porque tem forma substancial de homem[13].

....

12. A forma substancial é aquela que, em união com a matéria-prima, constitui a substância do sujeito. Naturalmente, há também formas acidentais (cor, tamanho etc.) que inerem na substância.
13. Cabe aqui uma breve explicação sobre o modo como a filosofia chegou a esses conceitos. Para analisar a realidade material, Aristóteles parte da experiência dos fenômenos da unidade substancial de cada ente, de cada sujeito. Aristóteles parte também da realidade das mudanças substanciais, isto é, aquelas, por assim dizer, mais sérias, nas quais o que muda é não já esta ou aquela qualidade acidental do sujeito (que ficou mais alto, mais gordo, mais corado, ou mudou de lugar...), mas *o próprio sujeito*: uma coisa, X deixa de ser o que era e passa a ser outra coisa: Y (para mero efeito de exemplificação didática, pensemos em um pedaço de madeira que se queima e deixa de ser a substância que era – madeira – e passa a ser outra coisa: cinza). Nesses casos de mudança substancial, o novo ser Y não proveio do nada (mas, evidentemente, de X) e o ser X não se reduziu ao nada (deixou de ser X e passou a ser Y). Examinando, portanto, esses casos de mudança de substância, vemos que há algo que permanece e algo que muda (o que indica

E é tal a unidade de sua consideração do cosmos, que Tomás emprega o mesmo binômio matéria-forma para indicar tanto a composição substancial de uma pedra quanto a de um homem, que é um ser espiritual.

Nesse contexto é fácil entender o conceito de alma. Alma é pura e simplesmente uma forma: a forma substancial do vivente. Certamente, a alma é uma forma muito especial (daí que também receba um nome especial), mas é uma forma[14].

Sempre que houver vida – e a vida caracteriza-se por um modo especial de interagir com o exterior a partir de uma interioridade – essa vida implica uma especialidade de forma do vivente: a alma. Desse modo, pode-se falar em alma de um vegetal, alma de uma samambaia, em alma de uma formiga ou de um cão e, também, em alma humana (neste caso, trata-se de uma alma espiritual). A alma (como, aliás, todas as formas substanciais) é um princípio de composição substancial dos viventes. Ou melhor, um co-princípio (em intrínseca união com o outro co-princípio: a matéria-prima). É pela alma que se constitui e se integra o vivente enquanto tal, e ela é também a fonte primeira de seu agir, de suas operações.

Estas são, aliás, as duas definições que Aristóteles e Santo Tomás dão da alma.

....

que a substância é composta de dois elementos: um que permanece, outro que muda). O que permanece é a matéria-prima, realizada, *atualizada*, em cada caso, por um fator determinante dessa potência que faz com que X seja X e Y seja Y: a *forma substancial*.

14. Sempre que falo desse ponto, lembro-me do comentário jocoso (mas pleno de sentido...) feito por um aluno. "Com a palavra 'alma' (em relação às demais formas) – dizia ele – dá-se algo de semelhante ao que ocorre com certas denominações de sanduíche: os sanduíches com queijo são prefixados por *cheese*: *cheese*-burger, *cheese*-dog etc. Mas o 'misto quente' é um sanduíche tão tradicional, tão especial, que ninguém o chama de *cheese*-presunto, mas por um nome também especial: 'misto quente'". Brincadeiras à parte, podemos dizer que a alma é uma forma, mas uma forma muito especial, porque atua, *in-forma* o vivente, constituindo o princípio da vida e, portanto, recebe o nome especial de alma.

1ª definição: Alma é o ato primeiro do corpo natural organizado (Tomás de Aquino, *De anima* II, 1, 412, a 27, b.5).

Esta definição diz, pura e simplesmente, que a alma é forma substancial para o vivente: o princípio ativo constituinte da unidade e do ser do vivente.

2ª definição: Alma é aquilo pelo que primeiramente vivemos, sentimos, mudamos de lugar e entendemos... (Tomás de Aquino, *De anima* II, 2, 414, a 12).

Também esta segunda definição caracteriza a alma como forma substancial, mas, neste caso, enfatizando a forma substancial enquanto fonte *radical* das operações do sujeito. O cão late ou morde não porque tem boca, sim, mas em última instância, porque é vivo, porque tem forma substancial, alma de cão.

A alma e suas potências: os fatores na operação

A alma não opera diretamente, e é por esta razão que Aristóteles diz: "A alma é aquilo pelo que *primeiramente* sentimos, mudamos de lugar etc." "Primeiramente", aqui, significa que não é a alma diretamente que vê, anda, conhece ou quer, mas o vivente opera tudo isto *por meio* das potências ("potências" aqui, não no sentido entitativo, mas no sentido de potências operativas: faculdades) da alma: a potência visual, a potência motriz etc.

É conveniente, portanto, distinguir os diversos fatores presentes numa operação qualquer de um vivente. O mesmo vivente pode estar exercendo ou não tal operação e, no entanto, está continuamente vivo, está sendo informado pela alma. Daí que seja necessário distinguir a alma (substancial, sempre atuante) de suas potências operativas (que podem estar operando ou não). A potência visual ou a motriz não estão atuando quando, por exemplo, estou dormindo, mas a alma, princípio vital, está sempre presente, como forma substancial do vivente.

Enumeremos os diversos fatores que concorrem nas operações do vivente.

1) O próprio vivente. O sujeito, João, que faz esta ou aquela operação (por exemplo, ver ou ouvir).

2) A alma. Se João realiza tais e tais operações é porque é vivente e, em última instância, porque é dotado de alma. Se ele fosse pedra, não veria nem ouviria.

3) As potências da alma. Pois não é a alma diretamente que vê, ouve, se locomove etc. Ela realiza estas operações por meio de suas potências. A alma é dotada de uma potência visual, que realiza o ato de ver; de uma potência auditiva, que realiza o ato de ouvir etc.

4) Os atos das potências. Sabemos que a alma é dotada de diferentes faculdades, precisamente porque são distintos os atos que o vivente realiza: o ato de ver é diferente do de ouvir; pensar é distinto de querer etc.

5) Os objetos (formais) dos atos. Podemos dizer que se esses atos (de ver e de ouvir, por exemplo) são diferentes é porque são diferentes seus objetos: o objeto do ato de ver é a cor; o objeto do ato de ouvir é o som.

6) O objeto material. Claro que o mesmo objeto material – uma fogueira, por exemplo – pode ser apreendido por diversas potências, mas cada uma o apreende pelo seu particular objeto formal (a potência visual capta a cor do fogo; a auditiva, seu crepitar; o olfato se ocupa do cheiro de queimado etc.).

Os três graus de vida. Espírito e inteligência no homem

Vida é a capacidade de realizar operações com *espontaneidade* e *imanência*, portanto, por iniciativa própria, a partir de si mesmo e operações que terminam no próprio sujeito.

Três graus de vida correspondem a três graus de espontaneidade e de imanência na realização das operações. E correspondem também a três tipos de alma: vegetativa, sensitiva e intelectiva.

Ao primeiro grau de vida – a vida vegetativa – corresponde um ínfimo grau de espontaneidade e imanência: o vegetal é senhor apenas da *mera execução* da operação: do seu "nutrir-se", do seu crescimento, de sua reprodução.

Note-se de passagem que, na medida em que subimos na escala da vida, ao mesmo tempo que a alma vai crescendo em espontaneidade e imanência ocorre também uma ampliação de seu campo de relacionamento: desde o limitado meio que circunda uma planta ao mundo sem fronteiras do espírito humano.

A alma em cada grau de vida é – como princípio vital – única e realiza todas as funções dos graus inferiores: a alma espiritual responsável pelas delicadas poesias que João da Silva compõe é a mesma e única que é o princípio de operações vegetativas, como a circulação de seu sangue ou sua digestão.

Para além da mera execução das operações – que caracteriza a vida vegetativa –, a alma sensitiva do animal é responsável também – e isto diferencia o animal da planta – pelo sentir, pelo conhecimento sensível: pela apreensão (cognoscitiva) de realidades concretas e particulares que o circundam.

Assim, pelo conhecimento, que é claramente um fator importante em suas operações, o animal é mais dotado de espontaneidade e imanência do que o vegetal: o gato Mimi percebe este pires de leite, apreende-o com seus sentidos, e este conhecimento é responsável pelo seu movimento em direção a ele. Assim, os animais têm uma dimensão de vida superior à das plantas: são mais donos de suas operações e de suas interações com o ambiente, porque são capazes de sentir, isto é, são capazes de conhecimento de realidades sensíveis, de conhecimento de realidades particulares e concretas.

Essas faculdades do sentir ou faculdades do conhecimento sensível são os sentidos: a visão, a audição etc.[15] Estão presentes nos animais e no homem. O conhecimento dos outros animais,

....

15. A filosofia clássica divide as potências dos conhecimentos sensíveis, ou seja, os sentidos, em: sentidos externos (basicamente os tradicionais cinco sentidos) e sentidos internos, em número de quatro: sentido comum, imaginação, memória e capacidade estimativa.

porém, não transcende o âmbito do sensível, do concreto: esta cor, este cheiro, este som...

No caso do homem (que é o caso da vida intelectiva), sua alma, além das características próprias e peculiares, realiza todas as operações dos graus inferiores de vida. A alma humana não só é responsável pela realização das operações ligadas às faculdades da vida vegetativa – a circulação do sangue, a digestão etc. –; a mesma e única alma realiza também as operações sensitivas (próprias da vida animal, como o conhecimento sensível) e, além de tudo isto, essa mesma alma irrompe numa dimensão nova: a do espírito.

A alma humana está dotada de duas potências espirituais: a inteligência e a vontade.

Para nossa questão, interessa-nos especialmente a inteligência. Se o conhecimento sensível versa sobre a realidade particular e concreta (este vermelho, este sabor salgado, esta forma triangular etc.), a inteligência humana transcende, supera esse âmbito do particular, do material e do concreto e pode versar sobre o universal. A geometria, por exemplo, como conhecimento intelectual humano, não se ocupa desta forma triangular do recorte de papel que tenho diante dos olhos; ela trata, sim, do triângulo abstrato. E diz: "A soma dos ângulos internos do triângulo vale dois retos." Destaquemos, nessa afirmação, seu caráter abstrato e universal: pouco importa se o triângulo é azul ou amarelo, se é acutângulo, retângulo ou obtusângulo; a inteligência versa sobre "o triângulo". E para "o triângulo": "A soma dos ângulos internos é dois retos." Já a medicina estuda hepatologia, independentemente deste ou daquele fígado concreto.

Esta capacidade da inteligência de apreender o universal e abstrato abre um mundo sem fronteiras para o conhecimento: ele não se limita à realidade concreta que o circunda, mas atinge todo o ser. E precisamente essa abertura para a totalidade do real é o que se chama de espírito. Espírito é a capacidade de travar relações com a totalidade do real. Daí que Tomás repita, uma e outra vez, a sentença aristotélica: *"Anima est quodammodo omnia*", "A alma humana, sendo espiritual, é, de certo modo, todas as coisas"...

Podemos agora, com base na definição de inteligência como faculdade de conhecimento espiritual do homem, rever, com luzes novas, os conceitos básicos de Tomás.

Contra todo dualismo que tende a separar exageradamente no homem a alma espiritual e a matéria, Tomás afirma a intrínseca união, a substancial união de ambos os princípios: a alma espiritual, como forma, requer – em tudo e por tudo – a integração com a matéria. Pense-se, por exemplo, em todo o tema – hoje mais agudo e atual do que nunca – das doenças psicossomáticas: da relação, digamos, entre um desgosto ou uma crise existencial, por um lado, e uma gastrite ou uma úlcera, por outro. Mas o exemplo mais veemente dessa integração é encontrado na discussão do objeto próprio da inteligência humana.

Como dizíamos, não operamos diretamente pela alma, mas por meio de suas potências operativas. Ora, cada potência da alma é proporcionada a seu objeto: a potência auditiva não capta cores, a potência visual não atua sobre aromas.

Dizer que a inteligência é uma potência espiritual é dizer que seu campo de relacionamento é a totalidade do ser: todas as coisas – visíveis e invisíveis – são inteligíveis, "calçam" bem, combinam com a inteligência. Contudo, a relação da inteligência humana com seus objetos não é uniforme. Dentre os diversos entes e modos de ser, há alguns que são mais direta e imediatamente acessíveis à inteligência. É o que Tomás chama de objeto próprio de uma potência: aquela dimensão da realidade que se ajusta, por assim dizer, "sob medida" à potência (ou, melhor dizendo, é a potência que se ajusta àquela realidade). Não que a potência não incida sobre outros objetos, mas o objeto próprio é sempre a base de qualquer captação: se pela visão captamos, por exemplo, número e movimento (e vemos, digamos, *sete* pessoas *correndo*), é porque vemos a cor, objeto próprio da visão. Ora, próprio da inteligência humana – potência de uma forma espiritual acoplada à matéria – é a abstração: seu *objeto próprio* são as *essências abstra-*

tas das coisas sensíveis. Próprio da inteligência humana é apreender a idéia abstrata de "cão" por meio da experiência de conhecer pelos sentidos diversos cães: Lulu, Duque e Rex...

Assim, Tomás afirma: "O intelecto humano, que está acoplado ao corpo, tem por objeto próprio a natureza das coisas existentes corporalmente na matéria. E, mediante a natureza das coisas visíveis, ascende a algum conhecimento das invisíveis" (*S. Th.* I, 84, 7). E nesta afirmação, como dizíamos, espelha-se a própria estrutura ontológica do homem: mesmo as realidades mais espirituais só são alcançadas, por nós, através do sensível. "Ora – prossegue Tomás –, tudo o que nesta vida conhecemos, é conhecido por comparação com as coisas sensíveis naturais." Esta é a razão pela qual o sentido extensivo e metafórico está presente na linguagem de modo muito mais amplo e intenso do que, à primeira vista, poderíamos supor.

Contra todo dualismo que tende a separar exageradamente no homem a alma espiritual e a matéria, Tomás afirma a intrínseca união e mútua ordenação de ambos os princípios. Contra todo "espiritualismo", Tomás conclui: "É evidente que o homem não é só a alma, mas um composto de alma e de corpo" (*Summa theologica* I, 75, 4). E esta união se projeta na operação espiritual que é o conhecimento: "A alma necessita do corpo para conseguir o seu fim, na medida em que é pelo corpo que adquire a perfeição no conhecimento e na virtude" (C.G. 3, 144.).

Para Tomás o conhecimento intelectual (abstrato) requer o conhecimento sensível. É sobre os dados do conhecimento sensível que atua o intelecto, em suas duas funções: intelecto agente e paciente.

A seguir apresentaremos um resumo tipificado (com as limitações que se dão nesses casos...) de como ocorre uma apreensão intelectual: o sujeito cognoscente está diante de um objeto determinado, digamos, João diante de um gato, Mimi. O que se conhece, segundo Tomás, é a própria realidade (ainda que para isso sejam necessários certos intermediários: as espécies...). Na passagem da impressão sensível para a idéia abstrata, o intelecto vai exercer duas funções: a de intelecto agente e a de intelecto paciente (ou passivo). Por isso, Tomás compara o intelecto a um olho que emite luz sobre aquilo que ele mesmo vê.

Todo conhecimento começa pelos sentidos: uma vez que os sentidos apreendem uma imagem (imagem em qualquer dimensão sensível, não só visual, mas também auditiva etc.), essa imagem assim interiorizada (que recebe o curioso nome de "fantasma") é oferecida ao intelecto (agente) para que – para além das impressões sensíveis (a determinada cor, aspecto, cheiro etc. deste gato concreto) – torne "visível" sua essência abstrata de gato. Nesse sentido, um filósofo contemporâneo, James Royce, compara a ação do intelecto agente a um tubo emissor de raios X que torna visível a estrutura óssea (na comparação: a essência) subjacente à pele (comparada aos aspectos sensíveis): esta é visível em nível de luz normal (conhecimento sensível); aquela (a essência), em nível de raios X (na comparação: o conhecimento intelectual). Esse "fantasma" despojado de suas características particularizantes[16], abstraído, é oferecido ao intelecto passivo (que só é passivo no sentido de que depende da ação do intelecto agente), para que produza o conceito. Na metáfora, o intelecto paciente poderia ser comparado ao filme virgem de raios X (com a ressalva de que o filme é totalmente passivo, enquanto o intelecto reage ativamente para formar o conceito). O conceito, por sua vez, é meio para a união com o próprio objeto. O intelecto agente está assim ligado à atividade de aquisição do conhecimento; o paciente, ao estado de saber.

O conhecimento é assim uma apropriação imaterial, *intencional*[17] de formas (acidentais ou substanciais) sensíveis ou não,

....

16. Outra operação importante nesse processo é a *collatio*, a confrontação (feita pelo sentido interno chamado "capacidade cogitativa", que participa do intelecto) entre esta impressão e outras semelhantes, preparando a formação do conceito intelectual.

17. No sentido de *intentio*, o conhecimento que se apropria de uma forma.

pelas quais o sujeito se une à própria realidade do objeto (que tem a forma materialmente, constituindo-o como tal ente). A potência intelectiva de posse de formas está in-formada, conhece.

A segunda potência espiritual: a vontade

Mas o homem – tal como os outros animais – não é só inteligência. Há nele, além disso, uma dinâmica, um tender à posse efetiva (e não meramente cognoscitiva) de objetos, e isto é o que se chama, classicamente, apetite. Um animal, um cachorro, por exemplo, não só tem um conhecimento, digamos, de um osso (conhecimento que, no caso do animal, não supera o âmbito do sensível, do particular, do concreto), mas tende a esse osso realmente, tende à posse efetiva do osso: é o que, como dizíamos, se chama apetite (um apetite que, no caso dos animais, está limitado também ao âmbito do sensível, do particular, do concreto).

Apetite é a tendência a aproximar-se do bem (daquilo que o conhecimento apresenta como bem) e afastar-se do mal. Naturalmente, o apetite está ligado ao conhecimento e dele decorre: porque farejou o osso é que o cachorro procura roê-lo; porque viu o lobo é que a ovelha foge... Ora, assim como no homem há, além do conhecimento sensível um conhecimento intelectual, assim também, além do apetite sensível, estamos dotados de uma outra potência apetitiva que se articula com o conhecimento intelectual: é a vontade. A vontade é, pois, a potência apetitiva espiritual, o apetite que decorre do conhecimento intelectual. Esta é a razão pela qual podemos nos motivar não só pela obtenção de uma realidade particular e concreta, digamos, um sorvete de creme, mas também ser motivados por: "a justiça", "a dignidade", "o bem", "os direitos do homem", "a honra" etc. Se o objeto formal de todo apetite é o bem, o objeto formal da vontade, enquanto apetite intelectual, é o bem intelectualmente conhecido como tal.

O problema do ensino no De magistro

O problema do ensino, como não poderia deixar de ser, é proposto por Tomás nos quadros de sua antropologia e doutrina sobre o conhecimento.

A própria palavra "educação", ainda que não apareça em Tomás, é como que sugerida diversas vezes em suas análises: trata-se de um *eduzir* o conhecimento em ato a partir da potência: "*scientia* educatur *de potentia in actum* (art. 1, obj. 10); a mente *extrai* o ato dos particulares dos conhecimentos universais (*ex universalibus cognitionibus mens* educitur – art. 1, solução); leva ao ato (educantur *in actum* – art. 1, ad 5)[18].

Ensinar é, pois, uma edução do ato; uma condução da potência ao ato que só o próprio aluno pode fazer. Tomás está distante de qualquer concepção do ensino como transmissão mecânica; o professor, tudo o que faz é *en-signar* (*insegnire*), apresentar sinais para que o aluno possa por si fazer a edução do ato de conhecimento, no sentido da sugestiva acumulação semântica que se preservou no castelhano: *enseñar* (ensinar/mostrar): o mestre mostra! Nesse contexto, é altamente sugestiva a genial comparação da aprendizagem com a cura e a do professor com o médico, no art. 1.

Tomás, ainda no art. 1 (solução), contesta algumas concepções da época, como a da existência de um único intelecto agente, separado, para todos os homens. Para ele, os que afirmam que Deus é o único agente (também no caso do ensino) atentam contra o plano do próprio Deus, causa primeira que age também pelas criaturas (causas próximas): "Ignoram a dinâmica que rege

....

18. Daí também que Tomás afirme que a aquisição do conhecimento, com as devidas ressalvas, pode ser comparado às "razões seminais", aquelas potencialidades que "não se tornam ato por nenhum poder criado, mas estão inscritas na natureza só por Deus" (obj. 5). Ressalvas, pois se trata de potencialidades que não procedem da criatura, mas que podem ser conduzidas ao ato pela ação do ensino humano (resposta à obj. 5).

o universo pela articulação de causas concatenadas: Deus pela excelência de sua bondade confere às outras realidades não só o ser, mas também que possam ser causa."

No art. 2, Tomás aprofunda na discussão do ensino em oposição à aquisição de conhecimentos por si próprio. E conclui afirmando a superioridade do ensino.

O art. 3 é dedicado à curiosa questão da possibilidade de o homem ser ensinado por um anjo: "se bem que só Deus infunda na mente a luz da verdade, o anjo ou o homem podem remover impedimentos para a percepção da luz" (*Em contr.* 6). E estuda também de que formas o homem pode ser ensinado por um anjo (o anjo, ao contrário do homem, não raciocina – o intelecto angélico atinge diretamente o conhecimento e não precisa dos enlaces lógicos e dos silogismos, que classicamente se chamam razão).

No art. 4, Tomás mostra o caráter, ao mesmo tempo ativo e contemplativo, do ensinar.

SOBRE O ENSINO

Artigo 1

Se o homem – ou somente Deus – pode ensinar e ser chamado mestre.

Parece que só Deus ensina e deve ser chamado mestre.

Objeções

1. Diz a Escritura (Mt 23, 8): "Um só é vosso mestre", logo a seguir a: "Não queirais ser chamados *Rabbi*." Ao que diz a *Glosa*: "Não atribuais a homens a honra divina e não usurpeis o que é de Deus." Daí que ser mestre e ensinar é apanágio de Deus.

2. O homem ensina somente por meio de sinais. Mesmo quando parece que ensina pela própria realidade – como quando alguém se põe a caminhar para responder à pergunta "o que é caminhar?" – no entanto, isto não é suficiente se não vem acompanhado de algum sinal, pois – como prova Agostinho (*De magistro* 10) – numa mesma realidade convergem muitos aspectos e não se saberia qual deles está sendo mostrado: se a substância ou algum acidente. Ora, por sinais não se pode atingir o conhecimento da realidade, porque conhecer as coisas é superior a conhecer sinais, pois o conhecimento dos sinais subordina-se ao fim: o conhecimento das coisas. E como o efeito não é superior à causa, ninguém pode dar a outro o conhecimento de uma coisa e, portanto, não pode ensinar.

3. Quando um homem apresenta sinais a outro, das duas uma: ou este já conhece as realidades sinalizadas ou não. Se já as conhece, não houve ensino; se não as conhece, ao desconhecê-las não poderá apreender o significado dos sinais: quem ignora a realidade da pedra não saberá o que significa o nome "pedra". Ora, quem ignora o significado dos sinais não pode aprender nada por sinais. E, sendo o ensinar propor sinais, parece que um homem não pode ser ensinado por outro.

4. Ensinar é de algum modo causar conhecimento intelectual em outro. Mas esse conhecimento reside no intelecto, enquanto os sinais sensíveis – que, ao que parece, é o único meio pelo qual se poderia ensinar – não atingem o nível intelectivo, limitando-se à potência sensitiva. Daí que um homem não possa ser ensinado por outro.

5. Se o conhecimento de um é causado por outro, ou o conhecimento estava já no aluno ou não. Se nele não estava, foi causado por outro homem, e teríamos um homem criando conhecimento em outro, o que é impossível. Se nele já estava, ou estava em ato perfeito – e, neste caso, não pode ter sido causado, pois o que já está não se faz –, ou estava na forma de "razões seminais". Ora, as razões seminais não se tornam ato por nenhum poder criado, mas estão inscritas na natureza só por Deus, como diz Agostinho (*Super Gen.* VI, 10 e 14; IX, 17). Daí que de nenhum modo possa um homem ensinar a outro homem.

6. O conhecimento é um acidente, e o acidente não muda de sujeito. Ora, o ensino, ao que parece, seria uma transfusão de conhecimento do mestre ao discípulo. Logo, um homem não pode ensinar a outro homem.

7. Diz a *Glosa*, a propósito de "a fé vem do ouvido" (Rm. 10, 17): "Se bem que Deus ensine interiormente, o pregador faz o anúncio exteriormente." Ora, o conhecimento é causado interiormente na mente e não externamente no sentido: daí que o homem é ensinado só por Deus e não por outro homem.

8. Diz Agostinho (*De magistro* 14): "Só Deus tem a cátedra nos céus e Ele ensina a verdade sobre a terra; o homem está para a cátedra como o agricultor para a árvore." Ora, o agricultor não é o criador da árvore, mas somente seu cultivador. Assim também o homem não ensina, mas somente dispõe as coisas para que ocorra o conhecimento.

9. Se o homem é um verdadeiro professor, é necessário que ensine a verdade. Mas quem quer que ensine a verdade ilumina a mente, pois a verdade é a luz da mente. Assim, se o homem ensina, iluminará a mente: o que é falso, pois, como diz a Escritura (Jo 1, 9): Deus é "que ilumina todo homem que vem a este mundo". Portanto, o homem não pode verdadeiramente ensinar.

10. Se um homem ensina a outro homem, é necessário que torne conhecedor em ato aquele que é conhecedor em potência. Daí que é necessário que seu conhecimento seja conduzido de potência a ato. Mas para ser conduzido de potência a ato é necessário que se mude. Daí que a ciência e a sabedoria sofreriam mudanças, o que contraria o que diz Agostinho (*LXIII Quaest.* 73): "Quando a sabedoria se achega a um homem não é ela, mas ele, que sofre mudança."

11. O conhecimento parece ser pura e simplesmente a representação das coisas na alma, pois o conhecimento é a assimilação da coisa conhecida pelo cognos-

cente. Mas um homem não pode representar na alma de outro as semelhanças das coisas, pois assim operaria internamente no outro, o que só a Deus é dado. Logo, um homem não pode ensinar a outro.

12. Diz Boécio (*De cons.* V, 5) que pelo ensino a mente do homem é somente estimulada a conhecer. Mas aquele que estimula o intelecto a conhecer não produz nele o conhecimento, do mesmo modo que aquele que estimula um homem a ver corporalmente não faz com que ele veja. E, assim, um homem não faz outro conhecer e, portanto, não se pode dizer com propriedade que ensine.

13. O saber requer a certeza do conhecimento, sem a qual não teríamos saber, mas opinião ou credulidade, como diz Agostinho (*De magistro* 12). Ora, um homem não pode produzir em outro certeza por meio dos sinais sensíveis que propõe. De fato, o que está no sensível é mais tortuoso do que o que está no intelecto e a certeza sempre se dá por algo mais reto. Daí que um homem não possa ensinar a outro.

14. Para que haja saber é necessário somente luz intelectual e espécies. Ora, nenhum destes dois pólos pode ser causado em um homem por outro, porque seria necessário que o homem criasse algo, dado que essas formas simples, ao que parece, só se produzem por criação. Daí que um homem não possa causar em outro o saber e tampouco ensinar.

15. Nada, exceto Deus, pode informar a mente do homem como diz Agostinho (*De gen. ad litt.* III, 20). Ora, o saber é uma forma da mente e, portanto, só Deus causa o saber na alma.

16. A ignorância, do mesmo modo que a culpa, está na mente. Ora, só Deus purifica a mente da culpa: "Sou

Eu, por mim mesmo, quem apaga as tuas iniqüidades" (Is 43, 25). Daí que também só Deus purifique a mente da ignorância e só Ele ensine.

17. Sendo o saber um conhecimento certo, recebe-se o saber de alguém cuja locução dá certeza. Ora, ouvir um homem falar não produz certeza. Seria necessário que tudo aquilo que se ouve de um homem fosse tido por certo quando, na verdade, a certeza só se dá ouvindo-se a voz interior da verdade, ponderando-se até o que se ouve do homem para produzir sua certeza. Logo, não é o homem que ensina, mas a verdade que fala interiormente: Deus.

18. Ninguém aprende da fala de outro coisas que, antes da fala, teria respondido se fosse interrogado. Mas o discípulo, mesmo antes que o mestre fale, responderia, se interrogado sobre aquelas coisas que o mestre propõe. Não aprenderia da fala do mestre se não soubesse que as coisas são assim tal como o próprio mestre propõe. Portanto, um homem não é ensinado pela fala de outro homem.

Em contrário

1. Diz São Paulo (2 Tm 1, 11): "No Evangelho fui estabelecido como pregador e mestre das gentes." Logo, o homem pode ensinar e ser chamado de mestre.

2. Diz São Paulo (2 Tm 3, 14): "sê constante no que te foi confiado e no que aprendeste", ao que a *Glosa* ajunta "de mim, como de verdadeiro doutor". E assim vale a conclusão anterior.

3. Na Escritura (Mt 23, 8) se diz tanto "um só é vosso mestre" como "um só é vosso pai". Ora, o fato de que

Deus seja pai de todos não exclui que também o homem possa, com verdade, ser chamado pai. E não exclui tampouco que o homem possa, com verdade, ser chamado mestre.

4. A *Glosa* – em relação a Rm 10, 15 "Que formosos são os pés dos que anunciam etc." – diz: "estes são os pés que iluminam a Igreja", referindo-se aos apóstolos. Ora, como iluminar é ato de quem ensina, parece que compete ao homem ensinar.

5. Aristóteles (*IV Meteor.* 3) diz que uma coisa é perfeita quando pode gerar um seu semelhante. Ora, o saber é um certo conhecimento perfeito, daí que o homem que tem o saber possa ensinar a outro.

6. Agostinho em *Contra os maniqueus* (II, 4) diz que a terra no Gênesis representa a mente humana. Tal como a terra – que antes do pecado [de Adão] era irrigada por uma torrente e, depois do pecado, necessita da chuva que desce das nuvens –, assim também é a mente humana: antes do pecado era fecundada pela fonte da verdade, mas, depois do pecado, tem necessidade do ensino dos outros, como se fosse a chuva que desce das nuvens. Daí que – pelo menos depois do pecado –, o homem é ensinado pelo homem.

Solução

A mesma diversidade de opiniões encontra-se em três pontos: na edução das formas para o ser, na aquisição das virtudes e na aquisição dos conhecimentos.

Para alguns, todas as formas sensíveis derivam de um agente extrínseco, que é uma substância ou forma separada, a que chamam "doador de formas" ou "inteligência agente", em relação à qual os agentes naturais inferiores agem meramente preparando a matéria para a recepção da forma. De modo semelhante, até Avicena diz em sua *Metafísica* [IX, 2]: "A causa do hábito moral não é nossa ação; nossa ação simplesmente impede o surgimento do hábito contrário e nos dispõe a que o hábito se dê provindo da substância que aperfeiçoa as almas dos homens: a inteligência agente ou substância que lhe é similar." Do mesmo modo, afirmam também que o conhecimento em nós se dá por um agente separado: daí que Avicena diga em *VI De naturalibus* [*De anima V, 5*] que as formas inteligíveis afluem em nossa mente pela inteligência agente.

Outros opinam o contrário: que todas essas formas seriam imanentes às coisas e não têm causa exterior, mas simplesmente se manifestam por ação provinda do exterior. De fato, há alguns que afirmaram que todas as formas naturais estão em ato, latentes na matéria, e o que o agente natural faz é trazê-las do ocultamento à manifestação. E do mesmo modo, para eles, os hábitos nos são inerentes por natureza, mas para operarem requer a remoção de obstáculos que, por assim dizer, os escondem: como se lima a ferrugem para que o metal brilhe. E assim também o conhecimento de todas as coisas acompanharia a alma desde sua criação e o papel da ajuda exterior e do ensino seria simplesmente o de conduzir a alma à recordação ou à consideração do que ela já antes sabia. Assim, eles afirmam que ensinar é simplesmente fazer lembrar.

Ambas as opiniões carecem de fundamento racional: a primeira porque exclui as causas próximas, deixando todos os efeitos nas realidades inferiores por conta só das causas primeiras. E com isso ignoram a dinâmica que rege o universo pela articulação de causas concatenadas: a Primeira Causa (Deus) pela excelência de sua bondade confere às outras realidades não só o ser, mas também que possam ser causa. A segunda opinião recai também quase nesse mesmo erro: pois remover obstáculos é simplesmente mover *per accidens*, como diz Aristóteles em *VIII Physicorum* [8], e se os agentes inferiores tudo o que fazem é manifestar – pela remoção de obstáculos – as formas e os hábitos das virtudes e do conhecimento ocultos, então segue-se que todos os agentes inferiores não agem senão perifericamente, *per accidens*.

É necessário aqui sustentar uma terceira via, intermediária. Na realidade, as formas naturais, sim, são preexistentes na matéria, não em ato (como pretendiam alguns), mas somente em potência, e são conduzidas ao ato por um agente extrínseco próximo (e não só pelo primeiro agente, como pretendiam outros). E algo de semelhante, segundo Aristóteles em *VI Ethicorum* [11], ocorre com os hábitos das virtudes antes de seu pleno aperfeiçoamento: preexistem em nós em certas inclinações naturais que são como que incoações das virtudes, mas só pelo posterior exercício das obras as virtudes são levadas à devida consumação. Algo de semelhante ocorre também com a aquisição dos conhecimentos: preexistem em nós certas sementes de saber, que são os primeiros conceitos do intelecto, conhecidos ato contínuo mediante as espécies abstraídas das coisas sensíveis pela luz do intelecto agente: quer sejam complexas, como os primeiros princípios, ou não-complexas, como o caráter de ente, o caráter de uno e outros similares que o intelecto apreende de imediato. Ora, nestes princípios universais já estão de certo modo contidas, como em razões seminais, todas as suas conseqüências. E quando a mente é conduzida a conhecer em ato as conseqüências particulares que já antes e como que em potência estavam naqueles universais, diz-se que adquiriu conhecimento.

Devemos ter em conta, porém, que nas realidades naturais algo preexiste "em potência" de dois modos: de um, como potência ativa completa, como quando o princípio intrínseco permite atingir um ato perfeito, como é evidente nos casos de cura: graças às virtudes naturais que se encontram no doente, ele é levado da doença à saúde. De outro modo é a potência passiva, como quando o princípio intrínseco não é suficiente para atingir o ato, como é evidente no caso do ar que produz fogo, o que não ocorreria por força de alguma virtude contida no ar.

Portanto, no caso em que algo preexiste em potência ativa completa, então o agente extrínseco age somente ajudando o agente intrínseco, fornecendo meios que possam fazer surgir o ato. É o que acontece com o médico que, na cura, é coadjutor da natureza – dela é principalmente a operação de cura –, ao fortalecer a natureza e aplicar remédios que a natureza usa como instrumentos para realizar a cura.

Quando, porém, algo preexiste só como potência passiva, então o agente extrínseco é quem principalmente eduz da potência o ato: tal como o fogo faz do ar – que é potência de fogo – ato de fogo.

Ora, o conhecimento preexiste no educando como potência não puramente passiva, mas ativa, senão o homem não poderia adquirir conhecimentos por si mesmo. E assim como há duas formas de cura: a que ocorre só pela ação da natureza e a que ocorre pela ação da natureza ajudada pelos remédios, também há duas formas de adquirir conhecimento: de um modo, quando a razão por si mesma atinge o conhecimento que não possuía, o que se chama *descoberta*; e, de outro, quando recebe ajuda de fora, e este modo se chama *ensino*.

Mas nos casos em que se trata conjuntamente de natureza e arte, a arte deve atuar do mesmo modo e valendo-se dos mesmos meios com que atua a natureza: por exemplo, a natureza, em um doente que padece por sofrer frio, restabelece a saúde proporcionando-lhe aquecimento – é precisamente isso o que deve fazer o médico: daí que a arte imite a natureza. E assim, do mesmo modo, no ensino: o professor deve conduzir o aluno ao conhecimento do que ele ignorava, seguindo o caminho trilhado por alguém que chega por si mesmo à descoberta do que não conhecia.

Ora, o processo pelo qual a razão chega ao conhecimento mediante a *descoberta* de coisas desconhecidas consiste em aplicar princípios gerais evidentes a determinadas matérias e daí chegar a algumas conclusões particulares, e destas, por sua vez, chegar a outras etc. E é por isto que se diz que o professor ensina o aluno: porque este processo da razão – que a razão natural faz em si – é proposto de fora pelo professor por meio de sinais, e assim a razão do aluno – por meio do que lhe é proposto como certos instrumentos de ajuda – atinge o conhecimento do que ignorava. E do mesmo modo que se diz que o médico causa a saúde no doente pela atuação da natureza, também se diz que o professor causa o conhecimento no aluno com a atividade da razão natural do aluno. E é nesse sentido que se diz que um homem ensina a outro e se chama mestre.

É por isso que diz o Filósofo em *I Posteriorum* [2] que "demonstração é fazer conhecer um silogismo". Agora, se alguém, ao ensinar, propõe coisas que não decorrem dos princípios evidentes, ou deles decorrem, mas isto não fica claramente visível, então não está produzindo nele saber, mas, talvez, opinião ou fé, se bem que também estas sejam causadas de algum modo pelos princípios inatos: pois é desses mesmos princípios evidentes que se extraem aquelas conclusões que necessariamente se seguem a eles e devem ser afirmadas com certeza, ao mesmo tempo que se negam suas contrárias; mas há outras proposições às quais se pode assentir ou não.

Tenha-se em conta, porém, que essa luz da razão, pela qual conhecemos os princípios, foi posta em nós por Deus como uma certa semelhança da Verdade incriada em nós. Daí que, como todo ensino humano depende dessa luz, é claro que é só Deus quem interior e principalmente ensina, do mesmo modo que dizíamos que é a natureza que interior e principalmente cura; no entanto, no sentido que discutimos, pode-se falar propriamente que o homem ensina e cura.

Respostas às objeções

1. O Senhor ordenou aos discípulos não se chamarem mestres, mas não os proibiu totalmente. E a *Glosa* explica como deve ser entendida essa proibição: é-nos proibido chamar a um homem mestre como se a ele atribuíssemos o ensino que só a Deus compete; como se depositássemos nossa esperança na sabedoria dos homens antes de consultar – nas coisas que ouvimos dos ho-

mens – a verdade divina que fala em nós pela impressão de sua semelhança, pela qual podemos julgar a respeito de todas as coisas.

2. O conhecimento das coisas em nós não se realiza pelo conhecimento de sinais, mas por conhecimentos mais certos: o dos princípios que são propostos e aplicam-se a algo que antes era por nós ignorado em termos absolutos, ainda que não relativamente: pois é o conhecimento dos princípios (e não o conhecimento de sinais) que produz em nós o conhecimento das conclusões.

3. O que aprendemos por nos ser ensinado mediante sinais é sob certo aspecto ignorado e sob certo aspecto conhecido: ensinar o que é o homem pressupõe alguns conhecimentos, como a noção de animal, a de substância ou, pelo menos, o próprio ente, noção que não se pode ignorar. E do mesmo modo, se ensinamos qualquer conclusão, é necessário o conhecimento prévio do sujeito e do predicado, além dos princípios pelos quais chegamos ao ensino da conclusão, pois "todo ensino se dá a partir de conhecimentos anteriores", como diz Aristóteles em *Posteriorum* [1]. A objeção, portanto, não procede.

4. Dos sinais sensíveis recebidos pelos sentidos, o intelecto recebe os conteúdos [*intentio*] inteligíveis de que se vale para produzir em si mesmo o conhecimento: daí que a causa próxima da produção do conhecimento não sejam os signos mas a razão que discorre dos princípios para a conclusão, como já dissemos.

5. No aluno, o conhecimento já existia mas não em ato perfeito, e sim como que em "razões seminais", no sentido que as concepções universais, inscritas em nós, são como que sementes de todos os conhecimentos pos-

teriores. Ora, se bem que essas razões seminais não se transformem em ato por uma virtude criada como se fossem infusas por uma virtude criada, no entanto essa sua potencialidade pode ser conduzida ao ato pela ação de uma virtude criada.

6. O professor infunde conhecimento no aluno não no sentido – numérico – de que o mesmo conhecimento que está no mestre passe para o aluno, mas porque neste, pelo ensino, se produz passando de potência para ato um conhecimento semelhante ao que há no mestre.

7. Tal como o médico, do qual se diz que produz a saúde, ainda que só atue exteriormente – sobre a natureza interior que é a que produz a saúde –, assim também se diz que um homem ensina a verdade, se bem que só a anuncie exteriormente, ao passo que Deus ensina interiormente.

8. Agostinho, quando prova que só Deus ensina, não pretende excluir que o homem ensine exteriormente, mas só quer afirmar que unicamente Deus ensina interiormente.

9. É legítimo afirmar que um homem é verdadeiro professor, que ensina a verdade e que ilumina a mente, não porque infunda a luz da razão em outro, mas como que ajudando essa luz da razão para a perfeição do conhecimento, por meio daquilo que propõe exteriormente, tal como o diz São Paulo (Ef 3, 8): "A mim, que sou o ínfimo entre os santos, foi dada esta graça: a de iluminar a todos etc."

10. Dupla é a sabedoria no homem: a criada e a incriada; de ambas se diz que são infusas no homem e que com a sua infusão o homem muda para melhor, progredindo. Mas, se a sabedoria incriada de modo algum é mu-

tável, a sabedoria criada muda em nós acidentalmente e *não per se*. Esta, de fato, deve ser considerada de modo dúplice: de um modo, enquanto diz respeito às realidades eternas, às quais se refere, e neste caso é totalmente imutável; de outro modo, de acordo com o ser que tem no sujeito e, neste caso, muda acidentalmente se muda o sujeito, que passa de sua posse em potência à posse em ato: pois as formas inteligíveis, nas quais consiste a sabedoria, são simultaneamente semelhanças das coisas e formas que aperfeiçoam o intelecto.

11. No aluno, as representações das coisas inteligíveis, pelas quais se produz o conhecimento recebido pelo ensino, são imediatamente de seu intelecto agente, mas mediatamente propiciadas pelo professor, ao propor sinais das coisas inteligíveis a partir dos quais o intelecto agente capta os conteúdos e os representa no intelecto paciente. Daí que as palavras do mestre, ouvidas ou lidas, causem o conhecimento do mesmo modo que as realidades externas, pois tanto a estas quanto àquelas volta-se o intelecto agente para receber os conteúdos inteligíveis, se bem que as palavras do professor estão mais próximas de causar conhecimento do que as realidades sensíveis externas, enquanto sinais dos conteúdos inteligíveis.

12. Não há termo de comparação entre o intelecto e a visão corporal: a visão corporal não realiza *collatio*, isto é, não atinge seus objetos pelo confronto de uns objetos com outros, mas os vê a todos tão logo se volta para eles. Daí que quem possua a potência visual se relacione com os objetos visíveis do mesmo modo que quem já possui conhecimento habitual se relaciona com seu objeto e, portanto, quem vê não precisa ser encaminhado

por outro para ver, senão quando esse outro lhe indica, com o dedo ou de outro modo, algo para que veja. Mas o intelecto, sendo potência de *collatio*, que faz o confronto de umas realidades com outras e, assim, passa de umas a outras e não se relaciona do mesmo modo com todos seus objetos: a alguns os vê imediatamente porque são evidentes e, nestes, se contêm implicitamente outros inteligíveis a que só pode chegar pelo trabalho da razão, que vai discorrendo e explicitando-os a partir dos princípios já conhecidos. Assim, para esses conhecimentos anteriores à posse do hábito, não estamos só em potência acidental mas em potência essencial, e eles requerem um motor que os leve a ato – como diz Aristóteles em *VIII Physicorum* [8] – por meio do ensino, o que não faz falta a quem já habitualmente conhece algo. O professor, portanto, estimula o intelecto a conhecer aquelas coisas que ensina como um motor essencial, que faz surgir o ato da potência; já quem mostra algo para a visão corporal, estimula-a como motor acidental; como também quem já possui habitualmente o conhecimento pode ser estimulado por um outro a considerar seu conhecimento.

13. Toda a certeza do conhecimento origina-se dos princípios: e, de fato, as conclusões só são conhecidas com certeza quando remetem aos princípios. Daí decorre o fato de que qualquer coisa que é conhecida com certeza dependa da luz interior da razão posta em nós por Deus, com a qual Deus fala em nós, e não de um homem que fala exteriormente, a menos que pelo seu ensino mostre a concatenação entre as conclusões e os princípios: mas mesmo neste caso a certeza procede dos princípios nos quais as conclusões se apóiam.

14. O homem que ensina exteriormente não infunde luz inteligível, mas é de certo modo causa das espécies inteligíveis enquanto nos propõe alguns sinais dos conteúdos inteligíveis que o intelecto capta por si e conserva em si.

15. Quando se diz: "nada, exceto Deus, pode informar a mente", o "informar" deve ser entendido em relação à última forma sem a qual todas as outras estariam informes; esta última forma se refere ao Verbo e nele inere, e é por ela que só a natureza racional é dita informada, como fica claro na mesma passagem de Agostinho.

16. A culpa está no querer, no qual só Deus pode agir, como veremos no artigo 3; já a ignorância está no intelecto, que pode ser afetado também por uma virtude criada, como o intelecto agente imprime a espécie inteligível no intelecto possível e, por isso, pelas realidades sensíveis e pelo ensino é causado o conhecimento em nossa alma, como dissemos.

17. Como já dissemos, a certeza do conhecimento provém só de Deus – que nos deu a luz da razão, pela qual conhecemos os princípios dos quais se origina a certeza do conhecimento – e, no entanto, como vimos, o conhecimento de certo modo é causado em nós também pelo homem.

18. O discípulo, se interrogado antes da fala do mestre, responderia sobre os princípios pelos quais é ensinado, mas não sobre as conclusões que lhe são ensinadas: ele não aprende do professor os princípios, mas as conclusões.

Artigo 2

Se se pode dizer que alguém é mestre de si mesmo.

Parece que se pode dizer que uma pessoa é mestre de si mesma.

Objeções

1. A ação deve ser atribuída mais à causa principal do que à instrumental. Ora, o intelecto agente é a causa principal do conhecimento que se produz em nós, enquanto o homem que ensina exteriormente é como que causa instrumental, que propõe ao intelecto agente instrumentos com os quais o próprio intelecto conduz ao conhecimento. Portanto, o intelecto agente ensina mais do que outro homem. E se pelo discurso exterior dizemos que um homem é mestre daquele que o ouve, este, pela luz do intelecto agente, com muito mais razão deve ser chamado mestre de si mesmo.

2. Só se aprende algo quando se atinge certeza de conhecimento; mas a certeza do conhecimento nos é dada pelos princípios que radicam em nós naturalmente pela luz do intelecto agente; é pois ao intelecto agente que compete o ensinar e chega-se à mesma conclusão do ponto anterior.

3. Ensinar é mais próprio de Deus do que do homem, como diz a Escritura: "Um só é vosso mestre" (Mt 23, 8). Ora, Deus nos ensina na medida em que nos deu

a luz da razão, pela qual podemos julgar todas as coisas. Daí que a essa luz principalmente se deva atribuir o ato de ensinar e chega-se à mesma conclusão do ponto 1.

4. Saber algo por descoberta é mais perfeito do que aprender de outro, como se mostra em *I Ethicorum* [4]. Ora, se no caso em que se adquire o conhecimento aprendendo de outro usamos a palavra mestre, dizendo que A é mestre de B, muito mais alguém é mestre de si mesmo quando adquire o conhecimento por descoberta.

5. Assim como se atinge a virtude por si mesmo ou por meio de outros, assim também alguém pode chegar ao conhecimento por si mesmo, pela descoberta, ou por meio de outros, pelo ensino. Mas dos que atingem a virtude sem um instrutor ou legislador, diz-se que são lei para si mesmos, como em São Paulo: "aqueles que não têm a lei e fazem naturalmente as obras da lei, são para si mesmos lei" (Rm 2, 14). Assim também aquele que adquire conhecimento por si mesmo deve ser chamado mestre de si mesmo.

6. O professor, como vimos, é causa do conhecimento como o médico o é da saúde. Ora, o médico pode curar a si mesmo e, do mesmo modo, alguém pode ensinar a si mesmo.

Em contrário

1. Diz o Filósofo em *VIII Physicorum* [9] que é impossível que o professor aprenda (aquilo mesmo que ele está a ensinar). Pois como docente deve ter o conhecimento e como discente não o pode ter. Logo, não pode alguém ser mestre de si mesmo.

2. O magistério implica uma ascendência, como no senhorio. Ora, essas relações não se podem dar em relação a si mesmo; do mesmo modo que alguém não pode ser pai ou senhor de si mesmo. E do mesmo modo não pode alguém ser mestre de si mesmo.

Solução

Certamente, com a luz da razão que nele radica, alguém pode, sem ajuda de um ensino exterior, chegar ao conhecimento de muitas coisas ignoradas, como é evidente em todos aqueles conhecimentos que alguém descobre. E assim pode-se dizer que alguém seja causa de seu saber, mas não por isso se pode chamar propriamente mestre de si mesmo nem dizer que se ensina a si mesmo. Pois, na ordem natural, encontramos dois tipos de princípios, como mostra o Filósofo em *VII Metaphysicae* [8], há agentes que têm em si tudo o que produzem no efeito: ou do mesmo modo, como nos agentes unívocos; ou de modo mais eminente, como no caso dos agentes equívocos. Mas há outros agentes nos quais só existe uma parte do que produzem no efeito: como o movimento que produz a saúde ou um remédio quente, no qual se encontra em ato, ou virtualmente, o calor, que não é toda a saúde, mas parte dela. Assim, nos agentes do primeiro tipo está toda a causa do efeito, o que não se dá nos agentes do segundo tipo, pois só age o que está em ato e não é perfeito agente aquele que só parcialmente está em ato com relação ao efeito que produz.

Ora, o ensino pressupõe um perfeito ato de conhecimento no professor; daí que seja necessário que o mestre ou quem ensina possua de modo explícito e perfeito o conhecimento cuja aquisição quer causar no aluno pelo ensino. Quando, porém, alguém adquire o conhecimento por um princípio intrínseco, aquilo que é causa agente do conhecimento só o é em parte, a saber, quanto às razões seminais do conhecimento, que são os princípios comuns. E não se pode, por conta de uma tal causalidade, aplicar com propriedade o nome de professor ou mestre.

Respostas às objeções

1. Se bem que o intelecto agente seja, em relação ao conhecimento, causa mais importante do que o homem que ensina, não preexiste nele o conhecimento completo como no professor e, portanto, o argumento não procede.

2. Resposta semelhante à anterior.

3. Deus conhece explicitamente todas as coisas nas quais o homem por Ele é ensinado, daí que se lhe possa atribuir convenientemente o título de mestre; mas, como já mostramos, não é esse o caso do intelecto agente.

4. Se bem que o modo de aquisição do conhecimento por descoberta seja mais perfeito por parte de quem recebe o conhecimento, pois manifesta uma maior habilidade em conhecer, no entanto, por parte de quem causa o conhecimento, é mais perfeito o que se adquire pelo ensino porque o professor, que explicitamente conhece todo o conteúdo, pode conduzir ao conhecimento de modo mais expedito do que o caminho daquele que por si mesmo se conduz ao conhecimento a partir dos princípios gerais.

5. A lei em relação às ações que praticamos corresponde aos princípios no conhecimento e não ao professor. Daí que o fato de alguém poder ser lei para si mesmo não implica que alguém possa ser mestre de si mesmo.

6. O médico cura não porque tem a saúde em ato, mas porque tem o conhecimento da arte médica; já o professor ensina precisamente porque tem o conhecimento em ato. Assim pode causar a saúde em si mesmo quem, não a tendo em ato, tem contudo o conhecimento de sua arte; o que não pode se dar é que alguém tenha o conhecimento em ato e não o tenha para poder ensinar a si mesmo.

Artigo 3

Se o homem pode ser ensinado por um anjo.

Parece que o homem não pode ser ensinado por um anjo.

Objeções

1. Se um anjo ensina, o faz interiormente ou exteriormente. Ora, o anjo não ensina interiormente, porque esse ensino compete só a Deus, como diz Agostinho [*De magistro*, 14]. Tampouco ensina exteriormente, ao que parece, pois tal ensino se dá por sinais sensíveis – como diz Agostinho em seu *De magistro* – e, neste caso, os anjos só nos ensinariam quando nos aparecessem sensivelmente. Ou seja, os anjos só nos ensinariam quando nos aparecessem sensivelmente, o que foge ao curso comum e só acontece como que por milagre.

2. Argumentou-se que os anjos nos ensinam, de certo modo exteriormente, ao agirem sobre nossa imaginação mediante impressões. Mas, na verdade, uma espécie impressa na imaginação não basta para fazer imaginar em ato se não há a intenção da vontade, como demonstra Agostinho em *De Trinitate* [XI, 3 e 4]. Ora, a intenção não pode ser induzida em nós por um anjo, pois é um ato da vontade sobre a qual só Deus pode agir. Daí que os anjos não nos possam ensinar agindo sobre a imaginação, pois não podemos aprender pela imaginação senão imaginando em ato.

3. Ser ensinados por anjos sem sua aparição sensível só poderia ocorrer pela iluminação do intelecto, coisa que, ao que parece, eles não podem fazer, pois não conferem a luz do intelecto (que é dada por Deus, ao criar a mente) nem a luz da graça, que só Deus infunde. Logo, os anjos não nos podem ensinar sem sua aparição sensível.

4. Sempre que um ensina a outro, é necessário que o aluno vá conferindo os conceitos do professor a fim de que o processo na mente do aluno acompanhe o processo do conhecimento na mente do professor. Ora, o homem não pode ver os conceitos do anjo; não os vê em si mesmos, como não vê os conceitos de outro homem – muito menos quanto mais distantes –; só os vê por meio de sinais sensíveis, quando aparecem sensivelmente. Daí que os anjos [a não ser por aparição sensível] não nos podem ensinar.

5. O ensinar compete àquele que "ilumina todo homem que vem a este mundo" (Jo 1, 9), conforme a *Glosa* a Mt 23, 8: "Um só é vosso mestre." Daí que o ensinar não compete ao anjo, mas só à luz incriada.

6. Todo aquele que ensina a outro o induz à verdade e, assim, causa a verdade em sua alma. Mas só Deus tem causalidade sobre a verdade, pois, sendo a verdade luz inteligível e forma simples, não vem ao ser de modo gradual e não se pode dar senão por criação, o que só a Deus compete. Ora, como diz João Damasceno [*De fide* II, 3], os anjos não são criadores e, portanto, parece que não podem ensinar.

7. Uma iluminação indefectível só pode proceder de luz indefectível, pois, se falta a luz o sujeito deixa de ser iluminado. Ora, para o ensino se requer uma certa ilumi-

nação indefectível, pois a ciência tem por objeto verdades necessárias, que valem sempre. Logo, o ensino só pode provir de uma luz indefectível; o que não é o caso da luz dos anjos, que faltaria se não fosse conservada por Deus. Portanto, o anjo não pode ensinar.

8. Diz Jo 1, 38 que dois discípulos de João, que seguiam a Jesus, ante a sua pergunta: "Que buscais?", responderam: "*Rabbi*, que significa Mestre, onde moras?" e uma *glosa* diz que "com este nome indicavam sua fé". E outra *glosa* diz: "Interroga-os não porque não saiba, mas para que tenham a recompensa respondendo e, perguntados pelo 'quê', por uma coisa, respondem referindo-se não a uma coisa, mas a uma pessoa." Resumindo, confessam em sua resposta que ele é uma pessoa, na qual depositam sua fé e assim têm mérito. Mas o mérito da fé cristã consiste em confessar que Cristo é pessoa divina e, portanto, ser mestre só compete à pessoa divina.

9. Quem quer que ensine deve manifestar a verdade, mas a verdade, sendo uma luz inteligível, é para nós mais manifesta do que um anjo. Logo, não somos ensinados por um anjo, pois o que é mais manifesto não vai ser manifestado pelo menos manifesto.

10. Diz Agostinho em *De Trinitate* [III, 8] que "a nossa mente, sem a interposição de nenhuma criatura, é imediatamente por Deus formada". Ora, o anjo é uma certa criatura e, portanto, não se interpõe entre Deus e a mente humana para sua formação como um superior à mente e inferior a Deus. E assim um homem não pode ser ensinado por um anjo.

11. Assim como nosso afeto atinge o próprio Deus, também nosso intelecto pode chegar a atingir a contemplação de sua essência. Mas o próprio Deus forma ime-

diatamente o nosso afeto, com a infusão da graça, sem nenhuma mediação de anjos, e forma também nosso intelecto com o ensino sem nenhuma mediação.

12. Todo conhecimento se dá mediante alguma espécie: se, pois, o anjo ensina o homem, deve causar nele alguma espécie: o que só pode se dar pela criação de espécie, o que, de modo algum, compete ao anjo, como diz João Damasceno [*De fide* III, 3]; ou iluminando as espécies que estão nos fantasmas, de modo que se tornem espécies inteligíveis no intelecto paciente: o que parece ser uma recaída no erro daqueles filósofos que afirmam que o intelecto agente – cuja missão é iluminar os fantasmas – é uma substância separada. Daí que o anjo não possa ensinar.

13. Mais dista o intelecto do anjo do intelecto humano do que este da nossa imaginação. Ora, a imaginação não pode receber o que se encontra no intelecto humano: ela só lida com formas particulares, que o intelecto não comporta. Portanto, o intelecto humano também não é capaz de acolher o que está na mente angélica e o homem não pode ser ensinado por anjo.

14. A luz pela qual algo é iluminado deve ser proporcional às realidades iluminadas, como no caso da luz corporal para com as cores. Mas a luz angélica, sendo puramente espiritual, não é proporcional aos fantasmas, que são de certo modo corpóreos, na medida em que estão num órgão corpóreo. Daí que os anjos não nos possam ensinar, iluminando nossos fantasmas, como já dissemos.

15. Tudo o que se conhece, ou é conhecido pela sua essência ou por uma semelhança. Ora, o conhecimento pelo qual as coisas são conhecidas pela mente humana

mediante suas essências não pode ser causado por anjos, pois isso requereria que as virtudes e demais realidades que estão na alma fossem impressas pelos próprios anjos, pois tais coisas seriam conhecidas em sua essência. Do mesmo modo, eles não podem causar-nos sequer o conhecimento das coisas por semelhança, pois as realidades a serem conhecidas estão mais próximas de suas semelhanças no cognoscente do que nos anjos. E assim, de modo algum o anjo pode ser causa do conhecimento do homem, que é o que se chama ensinar.

16. O agricultor, embora estimule a natureza a produzir seus efeitos, não é chamado criador, como afirma Agostinho em *Super Genesim ad litt*. [IX, 15]. Por igual razão, os anjos não devem ser chamados professores ou mestres, ainda que estimulem o intelecto do homem ao conhecimento.

17. Como o anjo é superior ao homem, se ele ensina, seu ensino deve necessariamente superar o ensino humano. Mas isto não pode ocorrer, pois o homem pode ensinar aquelas coisas que têm causas determinadas na natureza, enquanto as outras, por exemplo, os futuros contingentes, não podem ser ensinadas pelo anjo, dado que eles as ignoram por conhecimento natural e só Deus tem o conhecimento de tais futuros. Daí que os anjos não podem ensinar o homem.

Em contrário

1. Diz Dionísio em *Cael. Hier.* [4]: "Vejo que o mistério da humanidade de Cristo primeiro foi ensinado pelos anjos e depois, por meio deles, desceu a nós a graça do conhecimento."

2. "Aquilo que é possível ao inferior é possível ao superior" e muito mais nobremente, como demonstra Dionísio em *Cael. Hier.* [12, 2]. Mas a ordem dos homens é inferior à ordem dos anjos. E já que um homem pode ensinar a um homem, com muito mais razão o pode um anjo.

3. A ordem da sabedoria divina se acha mais perfeitamente nas substâncias espirituais do que nas corpóreas. Mas é próprio das ordens inferiores que os corpos inferiores consigam suas perfeições por influxo dos corpos superiores, daí que também os espíritos inferiores, isto é, os humanos, consigam a perfeição do conhecimento por influxo dos espíritos superiores, isto é, os anjos.

4. Tudo o que está em potência pode ser conduzido a ato por algo que está em ato e o que está menos em ato por algo que está em ato mais perfeito. Ora, o intelecto angélico está mais em ato do que o humano; daí que o intelecto humano possa ser conduzido ao ato do conhecimento pelo intelecto angélico. E, assim, um anjo pode ensinar a um homem.

5. Agostinho diz em *De bono persev.* [19] que alguns recebem diretamente de Deus a doutrina da salvação; outros, de um anjo; outros, ainda, de um homem. Logo, não só Deus, mas também o anjo e o homem ensinam.

6. Dizemos que ilumina uma casa tanto o sol, que emite luz, como aquele que abre a janela que impedia a luz de entrar. Ora, se bem que só Deus infunda na mente a luz da verdade, o anjo ou o homem podem remover impedimentos para a percepção da luz. Daí que não só Deus, mas também o anjo ou o homem possam ensinar.

Solução

O anjo age sobre o homem de dois modos:

Segundo o modo do homem, quando aparece sensivelmente, assumindo um corpo ou de alguma outra maneira, e o instrui mediante locuções sensíveis, mas não é este o caso que nos interessa, porque nele não diferem o ensino do anjo e o do homem.

Segundo o seu próprio modo, isto é, invisivelmente, e é deste modo que nos interessa saber aqui como o homem pode ser ensinado pelo anjo. Deve-se ter em conta que, sendo o anjo intermediário entre Deus e o homem, segundo a ordem da natureza lhe compete um modo de ensinar intermediário: inferior ao de Deus e superior ao do homem. Para se entender esse modo intermediário é necessário entender como Deus ensina e como o homem ensina. Para tanto, tenha-se em conta que, quanto ao conhecimento, há entre o intelecto e a visão sensível esta diferença: para a visão corporal seus objetos são igualmente próximos e o sentido não é uma potência que faça *collatio*, que precise do confronto para passar de um objeto a outro. Já para o intelecto, seus objetos não são igualmente próximos: alguns são-lhe imediatamente apreensíveis; outros só são apreendidos após a apreensão de anteriores. Assim, o homem recebe o conhecimento daquilo que ignorava por meio de dois fatores: pela luz intelectual e pelos primeiros conceitos, evidentes, que estão para aquela luz (que é o intelecto agente) como os instrumentos para o artífice.

Em relação a ambos os fatores, Deus é causa do conhecimento do homem do modo mais excelente, porque dotou a alma da luz intelectual e, por outro lado, imprimiu nela o conhecimento dos primeiros princípios, que são como que sementes dos conhecimentos; do mesmo modo que imprimiu também nas outras realidades naturais as razões seminais de todos os efeitos que produzem.

Ora, quanto à luz, um homem – que está, pela ordem da natureza, no mesmo nível de luz intelectual que outro homem – não pode de modo algum ser causa do conhecimento de outro, causando ou aumentando nele essa luz; mas, quanto ao conhecimento que decorre dos princípios evidentes, um homem é de certo modo causa do conhecimento para outro homem, não no sentido de que lhe transmita o conhecimento dos princípios, mas porque estende a ato, mediante sinais sensíveis mostrados aos sentidos externos, conteúdos implícitos e como que em potência nos princípios, como acima [a.2] dissemos.

Já o anjo, como possui naturalmente uma luz intelectual mais perfeita do que a do homem, pode ser – no âmbito daqueles dois fatores – causa do conhecimento, se bem que de modo inferior ao de Deus, mas superior ao do homem. Quanto à luz, se bem que não possa infundir a luz intelectual como o faz Deus, pode, no entanto, fortalecer a luz infusa para que o homem veja mais perfeitamente. Pois tudo aquilo que é imperfeito em algum gênero recebe um fortalecimento quando se une a algo que é mais perfeito no gênero, como se vê também nos corpos: o corpo contido em um lugar é potenciado pelo corpo que o contém, que se relaciona com ele como ato para potência, como diz Aristóteles em *IV Physicorum* [8].

Também por parte dos princípios pode o anjo ensinar a um homem. Certamente, não por comunicar o conhecimento dos princípios, como o faz Deus, nem propondo, por sinais sensíveis, a dedução das conclusões dos princípios, como faz o homem, mas formando na imaginação algumas espécies que podem se formar pelo estimulo de órgão corporal, como acontece com os que dormem ou com os que padecem de doença mental, os quais, segundo a diversidade de vapores que sobem à cabeça, têm diversos fantasmas. E deste modo, "mediante o contato com um outro espírito, pode acontecer que, servindo-se de imagens desse tipo, um anjo mostre as coisas que ele conhece", como diz Agostinho em *Super Genesim ad litt.* [XII, 12].

Respostas às objeções

1. O anjo que ensina invisivelmente certamente ensina interiormente em comparação com o ensino do homem, que propõe o ensino aos sentidos exteriores; mas em comparação com o ensino de Deus, que atua no íntimo da mente, infundindo a luz, o ensino do anjo deve ser considerado exterior.

2. A intenção da vontade não pode ser coagida, mas a da parte sensitiva sim, como quando alguém se fere é necessário voltar-se para a ferida. E assim também acontece com todas as virtudes sensitivas que fazem uso de um órgão corpóreo. E essa intenção basta para a imaginação.

3. O anjo não infunde a luz da graça nem a da natureza, mas fortalece a luz natural infundida por Deus, como dissemos.

4. Como nas realidades naturais, há agentes unívocos que imprimem a forma do mesmo modo como a possuem e há agentes equívocos que a possuem de modo diferente de como a imprimem. Assim também é no caso do ensino, pois um homem ensina a um homem a modo de agente como que unívoco: ele comunica o conhecimento a um outro do mesmo modo que ele o possui, a saber, articulando causas e efeitos. Daí que seja necessário que os conceitos do mestre se manifestem claramente por alguns sinais ao aluno. Já o anjo ensina a modo de agente como que equívoco: ele conhece intelectualmente aquilo que ao homem se manifesta por meio da razão; daí que o homem não seja ensinado pelo anjo do mesmo modo como os conceitos se manifestam ao anjo, mas causando o conhecimento no homem de um modo profundamente distinto de como o próprio anjo conhece.

5. O Senhor está falando sobre o modo de ensinar que só a Deus compete, como fica claro pela *Glosa* a este mesmo ponto. Não se trata, portanto, do modo de ensinar que atribuímos ao anjo.

6. Quem ensina não causa a verdade, mas o conhecimento da verdade no aluno. Daí que as proposições que são ensinadas são verdadeiras antes de serem conhecidas, pois a verdade não depende de nosso conhecimento, mas da existência das coisas.

7. Se bem que a ciência, por nós adquirida pelo ensino, verse sobre realidades indefectíveis, no entanto a própria ciência pode não alcançá-las. Daí não ser necessário que a iluminação do ensino proceda de luz indefectível ou, se procede de luz indefectível, como de seu primeiro princípio, não exclui, no entanto, que uma luz criada, defectível, possa ser um princípio intermediário.

8. Nos discípulos de Cristo, nota-se um certo progresso na fé: inicialmente veneravam-no como um homem sábio e mestre, mas depois consideram-no como Deus ensinando. Daí que uma certa *glosa*, pouco depois, diga: "Como Natanael soube que Cristo ausente vira o que ele tinha feito em outro lugar – e isto é indício da divindade –, reconheceu-o não só como mestre, mas também como Filho de Deus."

9. O anjo não manifesta a verdade ignorada mostrando a sua própria substância, mas propondo outra verdade mais conhecida ou fortalecendo a luz do intelecto. Daí que a objeção não proceda.

10. Agostinho não pretende dizer que a mente angélica não seja de natureza mais excelente do que a mente humana, mas sim que o anjo não é intermediário entre Deus e a mente humana, no sentido de que a mente humana receba sua última formação pela conjunção com um anjo, pois alguns afirmaram que a última bem-aventurança do homem consiste em que nosso intelecto esteja em continuidade com uma inteligência, cuja bem-aventurança consiste em estar em continuidade com o próprio Deus.

11. Há em nós certas potências que são determinadas pelo sujeito e pelo objeto. É o caso das potências sensitivas, que são estimuladas tanto pela operação do órgão como pela força do objeto. Já o intelecto não está determinado pelo sujeito, porque não faz uso de órgão corpóreo, mas está determinado pelo objeto: a eficácia da demonstração impõe o assentimento às conclusões. Quanto à vontade, ela não está determinada pelo sujeito nem pelo objeto, mas se move por instinto próprio em direção a este ou àquele objeto; daí que somente Deus,

que age sobre o interior, possa influir nela. Sobre o intelecto, porém, podem nele imprimir algo também o homem ou o anjo, apresentando objetos que determinem o intelecto.

12. O anjo não cria espécies em nossa mente nem ilumina fantasmas imediatamente. Mas por extensão de sua luz à luz de nosso intelecto, este pode mais eficazmente iluminar os fantasmas. E mesmo que iluminasse imediatamente os fantasmas, nem por isso confirmaria a posição daqueles filósofos, pois se é missão do intelecto agente iluminar fantasmas, ele não se limita a isso.

13. A imaginação pode receber o que se encontra no intelecto humano, mas de outro modo e, analogamente, o intelecto humano pode, a seu modo, acolher o que está no intelecto angélico. No entanto, se bem que o intelecto do homem seja mais afim à imaginação – enquanto são potências de uma mesma alma –, ele é mais afim ao intelecto angélico, enquanto ambos são potências imateriais.

14. Nada impede que o espiritual seja proporcionado a agir sobre o corpóreo, pois nada impede que o inferior sofra a ação do superior.

15. O anjo não é causa para o homem quanto àquele conhecimento com que conhece a coisa pela essência, mas quanto ao conhecimento por semelhanças. Não porque o anjo esteja mais próximo das coisas do que de suas semelhanças, mas enquanto provoca as semelhanças das coisas na mente ou move a imaginação ou fortalece o intelecto.

16. O criar implica a causalidade primeira, que só a Deus compete, mas o fazer implica a causalidade comum e, do mesmo modo, o ensinar quanto ao conhecimento.

Assim, só de Deus se pode dizer que é criador, mas o fazer e o ensinar podem se atribuir a Deus, ao anjo e ao homem.

17. Mesmo no que diz respeito às coisas que têm causas determinadas na natureza, o anjo pode ensinar mais do que o homem, pois conhece mais. E pode ensinar de modo mais nobre. A objeção, portanto, não procede.

Artigo 4

Se ensinar é um ato da vida ativa ou da vida contemplativa.

Parece que o ensinar seja um ato da vida contemplativa.

Objeções

1. "A vida ativa sofre as deficiências do corpo", diz Gregório em *Super Ez.* [II hom, 2]. Mas não há deficiências no ensino por causa do corpo, pois também os anjos ensinam, como vimos. Parece, pois, que o ensinar seja próprio da vida contemplativa.

2. Como diz Gregório [*ibidem*], "vive-se a vida ativa para atingir a contemplativa". Mas o ensino decorre da contemplação e não o contrário. Daí que o ensinar não pertença à vida ativa.

3. Como diz Gregório [*ibidem*], "a vida ativa vê menos quando se ocupa das obras". Mas é necessário que quem ensina veja mais do que aquele que só contempla. Logo, ensinar pertence mais à vida contemplativa do que à ativa.

4. É pelo mesmo princípio que uma coisa é perfeita em si e comunica a outros uma perfeição semelhante à sua: é pelo mesmo calor que o fogo é quente e esquenta. Ora, a perfeição da consideração das coisas divinas em si é próprio da vida contemplativa; logo, também o ensino, que é a transfusão dessa perfeição para outros, é próprio da vida contemplativa.

5. A vida ativa ocupa-se das realidades temporais, mas o ensino versa principalmente sobre as realidades eternas, pois este ensino é o mais excelente e perfeito. Logo, o ensino não é próprio da vida ativa, mas da contemplativa.

Em contrário

1. Diz Gregório na mesma passagem: "A vida ativa é dar pão ao faminto; ensinar a palavra da sabedoria a quem a ignora."
2. As obras de misericórdia pertencem à vida ativa e o ensinar é enumerado como uma das obras de misericórdia. Logo, o ensinar é ato da vida ativa.

Solução

A vida contemplativa e a vida ativa distinguem-se pelo fim e pela matéria. Pois a matéria da vida ativa são as realidades temporais sobre as quais versam os atos humanos; a matéria da vida contemplativa são as essências inteligíveis das coisas, sobre as quais se detém o contemplativo. Essa diversidade de matéria decorre da diversidade de fins, como, aliás, acontece nos outros campos: a matéria é determinada segundo a exigência da finalidade. E o fim da vida contemplativa – no que tange a este estudo – é a consideração da verdade, da verdade incriada, de acordo com o modo possível a quem contempla: nesta vida, imperfeitamente; na futura, perfeitamente. Daí que Gregório, em *Super Ez.* [II hom, 2], diga que "a vida contemplativa inicia-se nesta vida para perfazer-se na pátria celeste". Já o fim da vida ativa é a ação, pela qual nos voltamos para as necessidades do próximo.

Ora, no ato de ensinar encontramos uma dupla matéria, o que se verifica até gramaticalmente pelo fato de que "ensinar" rege um duplo acusativo: ensina-se – uma matéria – a própria realidade de que trata o ensino e ensina-se – segunda matéria – alguém, a quem o conhecimento é transmitido. Em função da primeira matéria, o ato de ensinar é próprio da vida contemplativa; em função da segunda, da ativa. Porém, quanto ao fim, o ensinar é exclusivamente da vida ativa, pois sua última matéria, na qual se atinge o fim proposto, é matéria da vida ativa. Daí que pertença mais à vida ativa do que à contemplativa, se bem que de algum modo pertença também à vida contemplativa, como dissemos.

Respostas às objeções

1. A vida ativa sofre deficiências com as deficiências do corpo, enquanto é exercida com esforços e ajuda as enfermidades do próximo, segundo o que diz Gregório na mesma passagem: "a vida ativa é cansaço porque se exerce com o suor", duas coisas que não existirão na vida futura. Há, contudo, uma ação hierárquica entre os espíritos celestes, como diz Dionísio [*De cael. hier.* 3, 1], e essa ação é de natureza distinta da vida ativa que exercemos nesta vida; daí que o ensino que haverá lá é muito diferente do que há aqui.

2. Gregório, na mesma passagem, diz: "Assim como a boa ordenação da vida é que da vida ativa se tenda à

contemplativa, assim também, na maior parte das vezes, é com utilidade que o ânimo retorna da vida contemplativa à ativa, de modo que esta se exerça mais perfeitamente depois que a contemplação inflamou a mente." É necessário saber, no entanto, que a vida ativa precede à contemplativa naqueles atos que por sua matéria não dizem respeito à vida contemplativa; quanto, porém, aos atos que recebem a matéria da vida contemplativa, é necessário que a vida contemplativa preceda a ativa.

3. A visão do professor é o princípio do ensino, mas o próprio ensino consiste mais na transfusão do conhecimento das coisas vistas do que em sua visão. Daí que a visão do professor pertença mais à contemplação do que à ação.

4. A objeção prova que a vida contemplativa é o princípio do ensino, como o calor não é o esquentar, mas o princípio do esquentar. Ora, a vida contemplativa é o princípio da ativa, enquanto a dirige, como ao contrário: a vida ativa dispõe a contemplativa.

5. Pelo que foi dito, a resposta é clara, porque com relação à primeira matéria o ensino concorda com a vida contemplativa.

OS SETE PECADOS CAPITAIS

Introdução

Pecados capitais: uma elaboração teológica da experiência antropológica

Em sua doutrina sobre os pecados capitais – ou vícios capitais –, Tomás repensa a experiência acumulada sobre o homem ao longo de séculos. Se o filosofar do Aquinate é sempre voltado para a experiência e para o fenômeno, mais do que em qualquer outro campo é quando trata dos vícios que seu pensamento mergulha no concreto, pois, citando o sábio (pseudo-) Dionísio, *"malum autem contingit ex singularibus defectis"* – para conhecer o mal é necessário voltar-se para os modos concretos em que ele ocorre. Assim, é freqüente encontrarmos nas discussões de Tomás sobre os vícios – para além da aparente estruturação escolástica – expressões de um forte empirismo como: *"Contingit autem ut in pluribus..."* (o que realmente acontece na maioria dos casos...).

A doutrina dos vícios capitais é fruto de um empenho de organizar a experiência antropológica cujas origens remontam a João Cassiano e Gregório Magno, que têm em comum precisamente esse voltar-se para a realidade concreta.

Cassiano – bem poderia ser escolhido o padroeiro dos jornalistas – é o homem que, em torno do ano 400, percorreu os desertos do Oriente para recolher – em "reportagens" e entrevistas – as experiências radicais vividas pelos primeiros monges; já o papa Gregório (não por acaso cognominado *Magno*), cuja morte em 604 marca o fim do período patrístico, é um dos maiores gênios da pastoral de todos os tempos.

Ambos tratam de fazer uma tomografia da alma humana e, no que diz respeito aos vícios, surge a doutrina dos pecados capitais, que encontra sua máxima profundidade e sua forma acabada no tratamento que lhe dá Tomás. Essa doutrina – que, como tantas outras descobertas antropológicas dos antigos, está hoje esquecida – bem poderia ajudar ao homem contemporâneo em sua desorientação moral e antropológica. Seja como for, a Igreja ainda fala em seu novo *Catecismo* da doutrina dos sete pecados capitais, fruto da "experiência cristã" (ponto 1866).

Os vícios capitais na enumeração de Tomás[1] são: vaidade, avareza, inveja, ira, luxúria, gula e acídia. Hoje, em lugar da vaidade, a Igreja coloca a soberba, e em lugar da acídia é mais freqüente encontrarmos a preguiça na lista dos vícios capitais. Isto se deve a que a soberba é considerada por Tomás como um pecado, por assim dizer, "megacapital", fora da série e, portanto, prefere falar em vaidade (*inanis gloria*, vanglória). Já a substituição da acídia pela preguiça parece realmente um empobrecimento, uma vez que, como veremos, a acídia medieval – e os pecados dela derivados – propiciam uma clave extraordinária precisamente para a compreensão do desespero do homem contemporâneo.

Assim, toda uma milenar experiência sobre o homem traduz-se em Tomás em sete vícios capitais, que arrastam atrás de si "filhas", "exércitos", totalizando cerca de cinqüenta outros vícios, cujos nomes podem soar a nossos ouvidos hoje como algo *estranho*, como é o caso da já citada "acídia". E precisamente aí encontra-se nossa dificuldade contemporânea: é-nos difícil acessar as realidades ético-antropológicas por falta de linguagem: como se tivéssemos que transmitir um jogo de futebol, mas sem poder contar com palavras como: pênalti, carrinho, grande área, cartão, impedimento etc.

....
1. A classificação de Tomás difere ligeiramente das de Cassiano e Gregório.

Não se pense que com isto estamos afirmando que Tomás empregue uma terminologia reservada a especialistas (as dificuldades decorrem da distância cultural-lingüística e não de tecnicismos). Não! Ele se vale da linguagem comum de sua época, tão espontânea como, afinal, é para nós o léxico do futebol. Assim, quando lermos os textos de Tomás sobre os vícios capitais, o leitor não estaria longe da realidade se os retraduzisse em nossa linguagem popular[2]. Por exemplo, a filha da inveja chamada *sussurratio* (e que traduzimos academicamente por *murmuração*) é, pura e simplesmente, a *fofoca* de inveja.

Comecemos por indicar o que significa vício capital. S. Tomás ensina que recebem este nome por derivar-se de *caput*: cabeça, líder, chefe (em italiano ainda hoje há a derivação: *capo*, *capo-Máfia*); sete poderosos chefões que comandam outros vícios subordinados.

Nesse sentido, os vícios capitais são sete vícios especiais, que gozam de uma especial "liderança"[3]. O vício (e o vício capital compromete muitos aspectos da conduta) é uma restrição à autêntica liberdade e um condicionamento para agir mal.

Tomás, após analisar cada vício capital, trata das "filhas" desse vício, os maus hábitos que dele decorrem.

....

2. Jocosamente, propomos um exemplo caricaturesco dessa leitura. Tomemos o seguinte trecho de Tomás: "*(Como já dissemos, vício capital é aquele do qual procedem – a título de finalidade – outros vícios.) Ora, acontece freqüentemente que, pelo fim da ira, isto é, por tomar vingança, se cometam muitas ações fora da ordem moral e, assim, a ira é vício capital.*" E agora façamos dele uma versão "popular": "Pô, vira e mexe o cara fica fulo da vida porque aprontaram feio com ele, e como ele não tá a fim de deixar barato pode acabar forçando e pisar na bola da moral. Portanto, a ira é pecado cabeça-de chave."

3. Nos dois sentidos da palavra: líder – o primeiro lugar; e líder – aquele que dirige, *leader*.

A soberba, um pecado supracapital

Como dizíamos, Tomás situa a soberba fora e acima da lista dos vícios capitais.

Após afirmar o princípio básico – "todo pecado se fundamenta em algum desejo natural, e o homem, ao seguir qualquer desejo natural, tende à semelhança divina, pois todo bem naturalmente desejado é uma certa semelhança com a bondade divina" – e que o pecado é desviar-se da reta apropriação de um bem, Tomás lembra que, se a busca da própria excelência é um bem, a desordem, a distorção dessa busca é a soberba que, assim, se encontra em qualquer outro pecado: seja por recusar a superioridade de Deus que dá uma norma, norma esta recusada pelo pecado, seja pela projeção da soberba que se dá em qualquer outro pecado.

Ao acumular indevidamente riquezas, por exemplo, é a afirmação da excelência do eu – pela posse – o que se busca. Assim, a soberba, mais do que um pecado capital, é rainha e raiz de todos os pecados. "A soberba geralmente é considerada como mãe de todos os vícios e, em dependência dela, se situam os sete vícios capitais, dentre os quais a vaidade é o que lhe é mais próximo: pois esta visa manifestar a excelência pretendida pela soberba e, portanto, todas as filhas da vaidade têm afinidade com a soberba" (*De malo* 9, 3, ad 1).

Uma explicação especial para a ira e a acídia

Dois dos pecados capitais que requerem uma cuidadosa explicação para a boa compreensão do leitor contemporâneo são a acídia, algo mais do que a preguiça, e a ira, que nem sempre é pecado, uma vez que pode também atuar a favor da virtude.

Valemo-nos aqui das análises de Pieper em seu *Virtudes fundamentais* (Lisboa, Aster, 1970). Comecemos pela acídia – realidade mais atual do que nunca e incrivelmente esquecida! – analisada no capítulo "Concupiscência dos olhos":

ACÍDIA E *CURIOSITAS* (pp. 280-2)

"Há um desejo de ver que perverte o sentido original da visão e leva o próprio homem à desordem. O fim do sentido da vista é a percepção da realidade. A 'concupiscência dos olhos', porém, não quer perceber a realidade, mas ver. Agostinho diz que a avidez dos gulosos não é de saciar-se, mas de comer e saborear; e o mesmo se pode aplicar à *curiositas* e à 'concupiscência dos olhos'. A preocupação deste *ver* não é a de apreender e, fazendo-o, penetrar na verdade, mas a de se abandonar ao mundo, como diz Heidegger em seu *Ser e tempo*. Tomás liga a *curiositas* à *evagatio mentis*, 'dissipação do espírito', que considera filha primogênita da acídia. E a acídia é aquela tristeza modorrenta do coração que não se julga capaz de realizar aquilo para que Deus criou o homem. Essa modorra mostra sempre sua face fúnebre, onde quer que o homem tente sacudir a ontológica e essencial nobreza de seu ser como pessoa e suas obrigações e sobretudo a nobreza de sua filiação divina: isto é, quando repudia seu verdadeiro ser! A acídia manifesta-se assim, diz Tomás, primeiramente na 'dissipação do espírito' (a sua segunda filha é o desespero e isto é muito elucidativo). A 'dissipação do espírito' manifesta-se, por sua vez, na tagarelice, na apetência indomável 'de sair da torre do espírito e derramar-se no variado', numa irrequietação interior, na inconstância da decisão e na volubilidade do caráter e, portanto, na insatisfação insaciável da *curiositas*.

"A perversão da inclinação natural de conhecer em *curiositas* pode, conseqüentemente, ser algo mais do que uma confusão inofensiva à flor do ser humano. Pode ser o sinal de sua total esterilidade e desenraizamento. Pode significar que o homem perdeu a capacidade de habitar em si próprio; que ele, na fuga de si, avesso e entediado com a aridez de um interior queimado pelo desespero, procura, com angustioso egoísmo, em mil caminhos baldados, aquele bem que só a magnânima serenidade de um coração preparado para o sacrifício, portanto senhor de si, pode alcançar: a plenitude da existência, uma vida inteiramente vivida. E porque não há realmente vida na fonte profunda de sua essência, vai mendigando, como outra vez diz Heidegger, na 'curiosidade que nada deixa inexplorado', a garantia de uma fictícia 'vida intensamente vivida'."

A AMBIVALÊNCIA DA IRA (pp. 272-3)

"É absolutamente sem razão que na linguagem corrente os conceitos de 'sentidos', 'paixão', 'concupiscência' sejam compreendidos como 'sensualidade', 'paixão má' e 'concupiscência desordenada'. Limitações como estas, de um significado originalmente muito mais amplo, esquecem o mais importante, isto é, que todos estes conceitos não possuem apenas um sentido negativo, mas que, muito pelo contrário, estão neles representadas forças das quais a natureza humana essencialmente se estrutura e vive.

A consciência comum cristã costuma, sempre que se fala de ira, ter em mente apenas o aspecto da intemperança, o elemento desordenador e negativo. Mas tanto como 'os sentidos' e a 'concupiscência', a ira pertence às máximas potencialidades da natureza humana. Essa força, isto é, irar-se, é a expressão mais clara da energia da natureza humana. Conseguir uma coisa difícil de alcançar, superar uma contrariedade: eis a função desse apetite sempre pronto a entrar em campo quando um *bonum arduum*, 'um bem difícil' deva ser conquistado. Daí que Tomás afirme: 'A ira foi dada aos seres dotados de vida animal para que removam os obstáculos que inibem o apetite concupiscível de tender aos seus objetivos, seja por causa da dificuldade de alcançar um bem, seja pela dificuldade de superar um mal' (I-II, 23, 1 ad 1). A ira é a força que permite atacar um mal adverso (I-II, 23, 3); a força da ira é a autêntica força de defesa e de resistência da alma (I, 81, 2).

"Portanto, condenar o apetite irascível, como se fosse intrinsecamente mau e devesse ser 'reprimido', equivale a condenar os 'sentidos', a 'paixão' e a 'concupiscência'; nos dois casos se ultrajam as maiores energias da nossa natureza, ofende-se o Criador que, como diz a liturgia da Igreja: 'estruturou maravilhosamente a dignidade da natureza humana'."

Os pecados capitais, um por um

O *De malo* – do qual apresentamos uma seleção de artigos dedicados aos vícios capitais – parecem ser questões disputadas em Roma durante o ano letivo 1266-7 ou, segundo outros críticos contemporâneos, em Paris, no ano letivo 1269-70. Boa parte desse tratado é dedicada aos pecados capitais e se articula com a discussão dos mesmos na segunda parte da *Summa theologica* (escrito não antes do *De malo*)[4]. A *quaestio disputata*, como bem salienta Weisheipl, integra a própria essência da educação escolástica: "Não era suficiente escutar a exposição dos grandes livros do pensamento ocidental por um mestre; era essencial que as grandes idéias se examinassem criticamente na disputa."[5] Uma *quaestio disputata* está dedicada a um tema – como por exemplo tal vício capital – e divide-se em artigos, que correspondem a capítulos ou aspectos desse tema, que é discutido pelo confronto de objeções e contra-objeções, permeado de um *corpus*, no qual o mestre – no caso Tomás – dá a sua solução ao problema. São precisamente alguns destes *corpus* que oferecemos ao leitor.

S. Tomás começa – *De malo*, 8, 1 – por discutir as razões pelas quais se define o conceito de vício capital e conclui que isto se dá pela articulação objetiva de finalidades: o pecado capital, pecado "capitão", impõe uma cadeia de motivações. Assim, por exemplo, à avareza estão subordinadas a fraude e o engano. A análise dessa *ordo* de fins estabelece sete linhas fundamentais de causalidade: os sete vícios capitais.

A seguir – *De malo*, 8, 2 –, discute o caso da soberba, se se trata de um pecado específico ou, pelo contrário, um pecado ge-

....

4. Para a datação das obras de Tomás, veja-se Weisheipl, James E. *Tomás de Aquino, vida, obras y doctrina*, Pamplona, Eunsa, 1994.
5. *Op. cit.*, p. 235.

ral sem objeto próprio, a forma de qualquer pecado. Um pecado se especifica por seu objeto próprio: um bem definido que o pecado perverte. Assim, Tomás começa por enunciar este seu princípio ético fundamental: "Todo pecado se fundamenta em algum desejo natural, e o homem, ao seguir qualquer desejo natural, tende à semelhança divina, pois todo bem naturalmente desejado tem uma certa semelhança com a bondade divina."

Ora, há um bem específico, "a própria excelência", distorcidamente buscado pela soberba que, assim, se constitui em pecado específico. Mas esse bem é tão amplo que, de certo modo, a soberba continua presente nos outros pecados, e Tomás prefere não incluir a soberba na lista dos pecados capitais, mas, como dizíamos, considerá-la um pecado, por assim dizer, supracapital, fora da série.

E assim – *De malo*, 9, 1 –, Tomás, em lugar da soberba, prefere falar da vanglória (vã glória) ou vaidade como pecado capital. Ao discutir os conceitos de *vã* e de *glória*, fala desta como esplendor (daí nossos adjetivos: brilhante, ilustre, esplêndido etc.). A perversão do bem da glória é precisamente a glória vã da vaidade.

Em outro artigo da questão da vaidade – *De malo*, 9, 3 –, Tomás – como fará também com todos os outros vícios capitais – analisa as filhas, os sete vícios derivados da vaidade: "Sendo o fim próprio da vaidade a manifestação da própria excelência, chamam-se filhas da vaidade aqueles vícios pelos quais – direta ou indiretamente – o homem tende a manifestar a própria excelência."

Em nossa seleção de textos, incluímos o interessante artigo da *Summa theologica* II-II q. 132, a.2: a vaidade como vício oposto à magnanimidade. Como se sabe, também a *Summa* comporta uma *disputatio*. Tomás começa apresentando objeções à sua própria tese e, após um breve *sed contra*, apresenta seu pensamento no *corpus* e, finalmente, responde às objeções do início.

O vício capital que Tomás analisa a seguir – *De malo*, questão 10 – é a inveja. E começamos pelo artigo 2, em que Tomás discute – tal como o faz com os outros vícios capitais – se se trata de um pecado mortal. No artigo seguinte da questão sobre a inveja – art. 3 – apresentam-se as cinco filhas da inveja.

À acídia é dedicada a questão 11 do *De malo*, e começamos pelo artigo 1, que mostra que a acídia é pecado, e, em seguida, apresentamos o tratamento dado pela *Summa theologica* II-II q. 35, a.4. à acídia como pecado capital e suas filhas: *desespero, pusilanimidade, torpor, rancor, malícia, divagação da mente.*

A questão 12 do *De malo* é destinada à ira e às suas "filhas". É extremamente valiosa a reflexão do Aquinate sobre o valor positivo da ira enquanto impulso vital na busca de um bem. E há aqui uma pista para um possível antídoto aos males da acídia.

A questão 13 do *De malo* discute a avareza. Uma de suas "filhas" é a traição, o que faz Tomás atentar para o fato de que Judas, que trazia as contas do grupo dos apóstolos de Cristo, traiu o Mestre porque, como diz o Evangelho, roubava da bolsa comum.

A questão 14 do *De malo* contempla a gula, vício que, como os demais, é a desordem de um desejo natural, no caso, o de comer e beber.

Por fim, a luxúria. Selecionamos, além de uma passagem correspondente à questão 15 do *De malo*, trechos de *Summa theologica* II-II q. 153. É um sinal preocupante já ter ouvido jovens de hoje dizerem que luxúria é um apego ao luxo. A perda do conceito e da palavra denunciam, de modo patético, a perda mesma da consciência do problema.

Os sete pecados capitais

Artigos selecionados extraídos das Questões disputadas sobre o mal *e da* Suma teológica

Os vícios capitais

De malo, questão 8, artigo 1 – Quantos e quais são os vícios capitais.

Quando falamos de vício capital, tenha-se em conta que "capital" deriva de "cabeça" ["*a capite*"]. E "cabeça" tem três significados: primeiramente, cabeça é uma parte do corpo dos animais, e é nesse sentido que São Paulo fala: "um homem que ora ou profetiza com a cabeça coberta desonra sua cabeça" (I Cor 11, 4). Ora, sendo a cabeça um certo princípio do animal, "cabeça" estendeu-se, num segundo sentido, a qualquer princípio, como naquele versículo das *Lamentações* (4, 1): "Espalharam-se as pedras do santuário pelas *cabeceiras* [*capite*, cabeças] de todos os caminhos"; e em *Ezequiel* (14, 25): "Em cada cabeceira [*caput*, cabeça] de caminho instalaste um sinal de tua prostituição." Em terceiro lugar, "cabeça" significa chefe ou governante do povo, pois os outros membros do corpo são, de certo modo, governados pela cabeça, tal como se lê em I Sm (15, 17): "És pequeno a teus próprios olhos, mas serás o cabeça das tribos de Israel"; e em Amós (6, 1): "Os cabeças dos povos entraram com pompa na casa de Israel."

Esses três significados de "cabeça" podem se aplicar ao vício capital. Assim, por vezes, fala-se em vício capital no sentido de cabeça, parte do corpo, como quando se diz que o pecado capital é punido espiritualmente com a pena capital. Mas tratamos aqui de vícios capitais na acepção de cabeça-princípio, e é nesse sentido que Gregório os chama de vícios principais.

Tenha-se em conta que um pecado pode derivar de outro de quatro modos.

Em primeiro lugar, pela supressão da graça (a graça mantém o homem afastado do pecado, como se lê em I Jo 3, 9: "Todo aquele que é nascido de Deus não peca porque a semente de Deus permanece nele") e, assim, o primeiro pecado, que suprime a graça, é causa dos pecados subseqüentes. Nesse sentido, qualquer pecado pode causar qualquer pecado. Mas este modo de causar é por remoção de um obstáculo, e essa remoção é só acidentalmente causadora, como diz Aristóteles (*Phys.* VIII; 255 b 24). Ora, nenhuma ciência ou saber se dedica a causas acidentais, como diz o livro VI da *Metafísica* (1026 b 4-5) e, portanto, não é deste modo que se constituem os vícios capitais.

Em segundo lugar, um pecado causa outro a modo de inclinação: um pecado causa um hábito ou uma disposição para pecar e, segundo este modo, todo pecado causa outro de espécie semelhante à sua e, portanto, também não é neste caso que se situam especificamente os pecados capitais.

Um terceiro modo se dá quando um pecado causa a outro propiciando-lhe matéria, como a gula propicia a matéria para a luxúria e a avareza para a discórdia. Também não é este o caso dos vícios capitais: pois propiciar a matéria não é causar em ato um pecado, mas só potencial e ocasionalmente.

Pelo quarto modo, um pecado causa outro quanto à finalidade, isto é, na medida em que um homem, para obter o fim de um pecado, comete outro. E, assim, a avareza causa a fraude, porque a fraude é cometida com o fim de ganhar dinheiro: neste caso um pecado é causado em ato e formalmente por outro pecado. E é este o caso de proveniência que se dá nos vícios capitais e que se expressa no terceiro significado de "cabeça": é evidente que o chefe dirige seus subordinados a um fim como um capitão [*dux*] conduz um exército a uma finalidade, como se diz no livro XII da *Metafísica* (1075 a 13-5). Daí que Gregório (*Mor.* XXXI, 45) afirme que os vícios capitais são como capitães e os vícios que deles provêm são como exércitos.

Mas há dois modos pelos quais um pecado pode se dirigir ao fim de outro pecado:

1. Por parte do próprio sujeito que peca, cuja vontade está mais propensa ao fim de um pecado do que ao de outro, mas isto só acidentalmente diz respeito aos pecados e, portanto, não é por isto que se denominam alguns vícios como capitais.

2. Há um outro modo – e este é o caso que define os vícios capitais – que decorre das próprias características dos fins, que têm certa articulação entre si de tal maneira que, em geral, dirigem-se a um mesmo fim: o engano, que é o fim da fraude, dirige-se a acumular riquezas, que é o fim da avareza. Assim, chamam-se vícios capitais os que apontam para certos fins principalmente desejáveis por si e que, desse modo, orientam [*ordinentur*] para esses fins a outros vícios.

Tenha-se em conta, também, que é pela mesma razão que um homem busca um bem e foge do mal oposto: o guloso – e o mesmo vale para os outros vícios –, que procura os prazeres dos alimentos, quer evitar a tristeza da falta de alimentos. Daí que se possa estabelecer uma adequada distinção entre os vícios capitais a partir da diferença entre o bem e o mal: onde houver um caso especial de atração/repulsão, aí haverá um vício capital diferente dos outros.

Certamente, o bem, por natureza, atrai o desejo, mas pode haver, em torno de um certo bem, razões especiais pelas quais o homem deva evitar esse bem. Daí que é necessário considerar outros pecados capitais diferentes dos que se dirigem a buscar um bem.

Ora, o bem do homem é tríplice: bem da alma, bem do corpo e bem das coisas exteriores. Para o bem da alma, que é um bem imaginado, a saber, a superioridade da honra e da glória, dirige-se a *soberba* ou a *vaidade*. Já para o bem do corpo, que diz respeito à conservação do indivíduo, pelo alimento, dirige-se a *gula*; e o bem do corpo, enquanto conservação da espécie, pelos prazeres venéreos, compete à *luxúria*. Voltar-se para o bem das coisas exteriores é próprio da *avareza*.

Por outro lado, dá-se também a fuga de um bem enquanto ele impede a realização de outro bem desejado erroneamente: em relação a esse bem, o impeditivo, a vontade tem um duplo movimento: de fuga e de rebelião contra ele. Quanto à fuga, estabelecem-se dois vícios capitais em relação ao bem impeditivo: no próprio sujeito ou em outro. A fuga no próprio sujeito: quando um bem espiritual impede a acomodação ou o prazer corporal, é o caso da *acídia*, que é precisamente a tristeza por um bem espiritual que impede esses bens corporais. E em outro: a fuga do bem do outro quando esse bem impede a consideração da própria superioridade, é o caso da *inveja*, que é a dor pelo bem do outro. A *ira*, por sua vez, comporta uma rebelião contra um bem.

A soberba, rainha dos outros pecados

De malo, questão 8, artigo 2 – Se a soberba é um pecado específico.

Para o esclarecimento desta questão é necessário examinar o que é a soberba para, assim, poder discutir se é um pecado específico.

É necessário ter em conta que todo pecado se fundamenta em algum desejo natural, e o homem, ao seguir qualquer desejo natural, tende à semelhança divina, pois todo bem naturalmente desejado possui uma certa semelhança com a bondade divina. Por isso, diz Agostinho nas *Confissões* (II, 6, 14), dirigindo-se a Deus: "A alma fornica – isto é, peca – quando se afasta de Ti e procura fora de Ti aquelas coisas puras e limpas que só encontra quando retorna a Ti."

Ora, sendo próprio da razão dirigir o desejo – principalmente enquanto informada pela lei de Deus –, então, se o desejo se volta para qualquer bem naturalmente desejado de acordo com a regra da razão, esse desejo será reto e virtuoso; será, porém, pecaminoso se ultrapassa essa regra ou se não chega a atingi-la. Por exemplo, o desejo de conhecer é natural ao homem, e tender ao conhecimento de acordo com os ditames da reta razão é virtuoso e louvável: ir além dessa regra é o pecado da *curiositas*; ficar aquém dela é o pecado da negligência.

Ora, entre as coisas que o homem naturalmente deseja está a excelência. Pois é natural ao homem – e também a toda realidade – desejar a perfeição no bem desejado, que consiste numa certa excelência. Tender a essa excelência segundo a regra da razão divinamente informada será um apetite reto e é próprio da virtude da magnanimidade, segundo o que diz o Apóstolo (II Cor 10, 13): "Quanto a nós, não nos gloriemos sem medida", como que por uma regra que nos é estranha, "mas segundo a regra que Deus nos deu como medida". A deficiência em relação a essa regra é o vício da pusilanimidade; o excesso é o vício da soberba [*superbia*], que, como o próprio nome indica, é superar [*superbire*] a própria medida no desejo de superioridade.

Por isso Agostinho (*De civitate Dei*, XIV, 13) afirma que a soberba é um "distorcido desejo de grandeza". E como a medida não é a mesma para todos, o que não é soberba para um pode ser para outro; por exemplo: não é soberba para um bispo exercer os atos próprios da dignidade episcopal; para um simples sacerdote seria soberba empreender o que é próprio do bispo.

Assim, pois, se a excelência tem a forma própria de um determinado bem desejável, embora materialmente se encontre em muitos comportamentos, fica claro que a soberba é um pecado específico, pois o ato e o hábito se especificam segundo as características formais dos objetos. Por isso, também Agostinho, atribuindo a cada pecado seu objeto próprio – o qual, ao ser desejado, de algum modo expressa uma certa sombra de semelhança divina –, diz da soberba, dirigindo-se a Deus: "Sendo Tu um

Deus excelso acima de todas as coisas, a soberba quer imitar a excelência" (*Conf.* II, 6, 13).

Contudo, de certa maneira, a soberba é também um pecado geral de dois modos: de um lado, por uma certa difusão; de outro, pelo seu efeito.

Quanto ao primeiro caso, o da projeção da soberba, deve-se considerar que, como diz Agostinho na *Cidade de Deus* (XIV, 28), assim como o amor de Deus realiza a cidade de Deus, também o desordenado amor de si realiza a cidade de Babilônia. E tal como no amor de Deus o próprio Deus é o fim último ao qual se dirigem todas as coisas que são amadas com um reto amor, assim também, no amor da própria excelência, encontra-se um fim último ao qual todas as coisas se dirigem: quem busca abundância de riquezas, de conhecimentos, de honras ou de qualquer outra coisa está buscando – por meio de todas essas coisas – uma certa excelência.

Tenha-se em conta que – em todas as artes e nos hábitos operativos – a arte ou hábito ao qual pertence o fim comanda os movimentos das artes ou hábitos que dizem respeito aos meios para o fim: a arte de navegar, decisiva no uso do navio, determina a arte de construção do navio. E o mesmo verifica-se em todos os campos. Daí que também a caridade que é amor de Deus comanda todas as outras virtudes e, embora seja uma virtude específica (se atentarmos para seu objeto), no entanto, por uma certa projeção de seu domínio, é comum a todas as virtudes e é chamada forma e mãe de todas elas.

Do mesmo modo a soberba, ainda que seja um pecado específico em virtude de seu objeto próprio, no entanto, por uma certa projeção de seu próprio domínio, é comum a todos os pecados e é chamada raiz e rainha de todos eles, como fica evidente por Gregório (*Mor.* XXXI, 45).

Quanto ao segundo caso, deve-se ter em conta que qualquer pecado pode ser considerado segundo a vontade ou o efeito. E acontece por vezes que algo é pecado pelo efeito, mas não pela vontade, como se alguém mata o pai pensando matar um inimigo: comete certamente pecado de parricídio quanto ao efeito, mas não quanto à vontade; como também de alguns se disse: "Os milésios não são estúpidos, mas agem como estúpidos." E assim, se se considera o pecado de soberba segundo o efeito, ele se encontra em qualquer pecado: pois é um efeito da soberba não se submeter à norma de quem é superior, o que faz todo aquele que peca ao não se submeter à lei de Deus.

Quanto à vontade, porém, nem sempre há pecado de soberba em todo pecado, pois nem sempre tal pecado é feito por desprezo em ato a Deus ou à sua lei, mas umas vezes por ignorância, outras por fraqueza ou por alguma paixão e, por isso, Agostinho, no livro *De natura et gratia* (c. 29), diz que o pecado de soberba é um pecado distinto dos outros.

A vaidade

De malo, questão 9, artigo 1 – Se a vaidade é pecado.

Para a discussão desta questão é necessário primeiro examinar o que é a glória e, em seguida, a vaidade, isto é, a vanglória [*glória vã*], para, finalmente, verificar se a vaidade é pecado.

É oportuno recordar o que diz Agostinho (*Comentário ao Evangelho de João* C, 1): que glória pressupõe um certo esplendor, daí que glorificar e resplandecer são tratados no evangelho como a mesma coisa. Mas o esplendor implica uma certa evidência, pela qual algo torna-se notório e manifesto em seu brilho e, assim, a glória implica uma certa manifestação de alguém no bem. Quando, porém, o que se manifesta é o mal, aí já não se trata de glória, mas de ignomínia. Por isso, Ambrósio diz em seu *Comentário a Romanos* que glória é "clara notoriedade acompanhada de louvor".

Mas a glória pode ser considerada em três modos. Em seu *máximo modo*, ela consiste em que o bem de alguém se manifesta às multidões: a "clara notoriedade" que é visível por todos ou por muitos. Daí que também Cícero diga que "a glória é fama vasta acompanhada de louvor" e Tito Lívio cita Fábio que diz: "Para mim, não é tempo de gloriar-me junto a um só."

Num *segundo modo*, porém, em outro estado, fala-se de glória como o bem de um que se manifesta a poucos ou a um só. E no *terceiro modo* também se pode falar em glória aplicada ao bem de alguém considerado por ele próprio, quer dizer, quando alguém considera seu bem sob o aspecto de um certo esplendor para manifestação e admiração de muitos. E assim se diz que alguém se gloria quando tende – ou se compraz – na manifestação de seu bem para as multidões, para poucos, para uma pessoa ou até só para si mesmo.

Agora, para saber o que é a vaidade [vanglória], é necessário considerar que "vão" admite três significados: em alguns casos, chama-se "vão" àquilo que não tem subsistência e às coisas falsas chamamos vãs: como diz o Salmo (4, 3): "Por que amais a vaidade [*vanitatem*] e procurais a mentira?" Em outros casos, "vão" é aquilo que carece de solidez e consistência, como diz o Eclesiástico (I, 2): "Vaidade das vaidades, tudo é vaidade", referindo-se à mutabilidade das coisas. Em outros casos ainda, diz-se que é vão – em vão – algo que não é capaz de realizar o fim devido: o remédio é vão se o doente não recupera a saúde e, nesse sentido, diz Isaías (49, 4): "Em vão trabalhei, em vão consumi minhas forças."

Com base nesses significados, pode-se falar de vaidade em três sentidos. Primeiramente, quando alguém se gloria em falso: de um bem que não tem, como se diz em I Cor 4, 7: "Que tens que não tenhas recebido? E se recebeste, por que te glorias como se não o tivesses recebido?" Um segundo modo de glória vã é quando alguém se gloria de um bem que passa facilmente, como diz Isaías (40, 6): "Todo homem é como a erva e toda sua glória como a flor do campo... [...a erva seca e a flor murcha etc. ...]" O terceiro modo da vaidade é quando ela não se dirige ao devido fim: é natural ao homem que tenda ao conhecimento da verdade, pois por esse conhecimento seu intelecto se aperfeiçoa, mas não é tender à perfeição, e sim uma certa vaidade, querer que esse seu bem seja conhecido, exceto quando isto é útil para algum fim.

A glória humana, porém, pode dirigir-se louvavelmente a três fins. Em primeiro lugar, para a glória de Deus, pois, pelo bem que se manifesta de alguém, é glorificado Deus, de quem é, como primeiro autor, principalmente aquele bem, como se diz em Mateus (5, 16): "Assim brilhe a vossa luz diante dos homens, para que vendo vossas boas obras glorifiquem a vosso Pai que está nos céus."

Em segundo lugar, quando é útil para a salvação do próximo que, conhecendo o bem de alguém, edifica-se em imitá-lo, como se diz em Rm (15, 2): "Cada um de vós compraza a seu próximo no bem para edificá-lo."

Em um terceiro modo a glória pode se dirigir ao bem do próprio homem que, ao considerar que seus bens são louvados por outros, dá graças e persiste neles mais firmemente. Por isso, o apóstolo freqüentemente recorda aos fiéis de Cristo as coisas boas deles para que mais firmemente nelas perseverem.

Se alguém deseja manifestar seus bens ou se compraz na manifestação deles fora desses três casos, cai em vaidade. E é evidente que, em qualquer de suas formas, a vaidade acarreta uma desordem na vontade, que é precisamente o pecado. Daí que a vaidade, em qualquer de suas formas, é pecado, embora o terceiro modo seja o mais comum. E pode haver vaidade tanto dos bens que se possuem como dos que não se possuem; tanto de bens espirituais como materiais.

As filhas da vaidade

De malo, questão 9, artigo 3 – As filhas da vaidade: *desobediência, jactância, hipocrisia, contenda, pertinácia, discórdia* e *presunção de novidades*.

É pela mesma razão que se diz que um vício é cabeça e mãe: porque outros vícios dele se originam e tendem [*ordinata*] ao fim dele: precisamente isto é o que constitui o caráter de *capital*, pois a cabeça tem o poder de governar aquilo que está sob seu domínio (e toda razão de governo procede do fim). Cabe-lhe também o caráter de mãe, pois mãe é aquela que concebe em si mesma e, assim, um tal vício é dito mãe de outros que dele procedem por concepção de seu próprio fim.

E assim, sendo o fim próprio da vaidade a manifestação da própria excelência, chamam-se filhas da vaidade aqueles vícios pelos quais o homem tende a manifestar a própria excelência. E essa manifestação pode se dar de dois modos: direta ou indiretamente.

Consideremos inicialmente o modo direto. Se essa manifestação é por meio de palavras, temos a *jactância*. Se é por fatos verdadeiros que suscitam uma certa admiração, temos a *presunção de novidades* (pois as novidades costumam causar maior admiração entre os homens); se é por fatos fingidos, dá-se a *hipocrisia*.

De modo indireto, alguém manifesta sua excelência pelo fato de que se esforça por mostrar que não é inferior a outro. E isto pode ocorrer de quatro formas. A primeira diz respeito à inteligência e é a *pertinácia*, pela qual alguém se aferra à sua opinião e não quer assentir a um juízo mais acertado. A segunda se dá na vontade e é a *discórdia*, pela qual o homem não ajusta sua vontade à de homens melhores. A terceira é a de palavra e é a *contenda*, quando alguém não quer ser superado por outro em discussões verbais. A quarta diz respeito a fatos: quando alguém não quer submeter as próprias ações ao preceito de um superior, e então dá-se a *desobediência*.

A vaidade e a virtude da magnanimidade

Summa theologica II-II q. 132, a.2 – Se a vaidade se opõe à magnanimidade.

Objeções

1. É próprio da vaidade, como já dissemos, que alguém se glorie em coisas que não existem – e isto é falsidade – ou em coisas terrenas e caducas – e isto é cobiça – ou na apreciação dos homens cujo juízo não é certo – e isto é imprudência. Ora, estes vícios não se opõem à magnanimidade e, portanto, a vaidade não se opõe à magnanimidade.

2. A vaidade não se opõe à magnanimidade por deficiência, como é o caso da pusilanimidade, com a qual a vaidade parece ser irreconciliável. Também não se opõe por excesso, pois a magnanimidade se opõe à presunção e à ambição, que são distintas da vaidade. Portanto, a vaidade não se opõe à magnanimidade.

3. A propósito de Fp (2, 3): "Nada façais por contenda nem por vaidade", e diz a Glosa: "Havia entre eles dissidentes, agitados e que rivalizavam em contendas por vaidade." Ora, a contenda não se opõe à magnanimidade, logo a vaidade também não se opõe à magnanimidade.

Em contrário

Mas, em contrário, diz Cícero (I *De offic.* 20): "Deve-se evitar a cobiça da glória, pois ela tolhe a liberdade da alma, pela qual devem se empenhar principalmente os homens magnânimos." Portanto, a vaidade opõe-se à magnanimidade.

Solução

Como dissemos, a glória é um certo efeito das honras e dos louvores, pois torna-se notável para os outros quem é objeto de louvores ou de quaisquer reverências. E como a virtude da magnanimidade lida com a honra, lida também com a glória: como administrá-las reta e adequadamente. Daí que o desejá-las de modo inadequado opõe-se diretamente à magnanimidade.

Resposta às objeções

Resposta à primeira objeção. Repugna à grandeza de alma do magnânimo apreciar as coisas medíocres a ponto de gloriar-se nelas. Daí que o Filósofo (*IV Ethic.* l. 9, 1124 b 19) afirme que o magnânimo tem em pouca conta as honras. E do mesmo modo ele tem em pouca conta as coisas que se buscam por causa da honra, como o poder e as riquezas. E despreza a glória proveniente de coisas que não existem, daí que do magnânimo se diga (*IV Ethic.* l. 9, 1124 b 27) que "ele se ocupa mais da verdade do que das opiniões". Não condiz com sua grandeza de alma gloriar-se com louvores humanos, como se isso fosse de grande valor. Daí que do magnânimo se diga (*IV Ethic.* l. 10, 1125 a 6) que "não liga para os louvores". Pode, portanto, opor-se à magnanimidade o que se opõe a outras virtudes, na medida em que se toma por grande o que é pequeno.

Resposta à segunda objeção. Quem deseja a glória vã se opõe – no âmbito das coisas – por deficiência à magnanimidade porque deseja coisas que o magnânimo tem em pouca conta. No âmbito da apreciação, porém, opõe-se à magnanimidade por excesso, pois considera um grande bem a glória que deseja e a busca acima de sua dignidade.

Resposta à terceira objeção. A contenda opõe-se à magnanimidade: ninguém luta senão pelo que considera de grande valor. Daí que o Filósofo diga (*IV Ethic*. l. 10, 1125 a 15) que "o magnânimo não é altercador, porque nada considera grande".

A gravidade da inveja

De malo, questão 10 – artigo 2 – A inveja é pecado mortal.

Como dissemos, o gênero ou a espécie do ato moral se considera de acordo com sua matéria ou objeto: daí que o ato moral é bom ou mau de acordo com seu gênero.

Ora, a vida da alma é a virtude da caridade [o amor] que nos une a Deus, por quem a alma vive, como diz João (I Jo 3, 14): "Quem não ama, permanece na morte"; ora, a morte é a privação da vida.

Quando, pois, examinando a matéria de um ato, encontramos algo que se opõe a esse amor [a caridade], necessariamente aquele ato é pecado mortal por seu gênero. Por exemplo, matar um homem é algo frontalmente oposto à caridade, pela qual amamos o próximo e queremos que ele tenha o ser, a vida e outros bens, o que é próprio da amizade, como diz o Filósofo (*IX Ethic*. 4; 1166a, 4-5). E assim, o homicídio é pecado mortal por seu gênero.

Quando, porém, o exame do objeto de um ato não revela algo que se oponha à caridade, como, por exemplo, falar palavras fúteis etc., esse ato não é pecado mortal por seu gênero; pode vir a ser pecado mortal por algo que se lhe acrescenta, como discutimos acima (q.7, a.3).

Ora, invejar, pelo seu próprio objeto, implica algo contra a caridade, pois é próprio do amor de amizade querer o bem do amigo como se fosse para si mesmo, porque – como diz o Filósofo (*IX Ethic*. 4; 1166a, 30-2) – o amigo é como se fosse outro eu. Daí que entristecer-se com a felicidade do outro é claramente algo oposto à caridade, pois por ela amamos ao próximo. Daí que Agostinho diga (*De vera rel*. 47): "Quem inveja a quem canta bem não ama ao que canta bem." Daí que a inveja é pecado mortal por seu gênero.

Deve-se considerar, no entanto, que no gênero de algum pecado mortal pode-se encontrar casos de atos que não sejam pecado mortal porque não chegam a realizar plenamente as características daquele gênero. E isto pode se dar de dois modos: em primeiro lugar, pelo princípio da ação, por não proceder da deliberação da razão, que é própria e principalmente o princípio dos atos humanos. Daí que os impulsos súbitos – até no gênero de homicídio ou adultério – não são pecados mortais porque não atingem a plenitude de atos morais, cujo princípio é a razão. Em segundo lugar, a falha pode proceder do objeto, que pela sua pouca expressão não atinge as características do objeto, por exemplo, de um furto: furtar uma espiga num campo não é pecado mortal, porque é quase nada, tanto para o que pratica este ato como em termos da própria realidade.

Assim, pode acontecer que embora a inveja seja pecado mortal por seu gênero, algum movimento de inveja não seja pecado mortal, pela imperfeição do próprio movimento – como no movimento súbito, à margem da deliberação da razão – ou porque alguém se entristece por um bem do outro que é um bem tão pequeno que nem parece bem: como se, divertindo-se juntos, se invejasse aquele que vence o jogo, digamos, uma corrida ou algo assim.

As filhas da inveja

De malo, questão 10, artigo 3 – A inveja é pecado capital. As filhas da inveja (*murmuração, detração, ódio, exultação pela adversidade, aflição pela prosperidade*).

Como dissemos acima, vícios capitais são aqueles que, a título de causa final, geram outros vícios. Ora, o fim tem caráter de bem e, do mesmo modo, a vontade tende ao bem e à fruição do bem, que é o prazer. Por isso, assim como a vontade é movida a agir pelo bem, é também movida pelo prazer.

Deve-se também considerar que, assim como o bem é o fim do movimento volitivo de perseguir [*prosecutio*: tender a um bem para obtê-lo], também o mal é o fim do movimento volitivo que é o fugir: do mesmo modo como alguém que quer obter um bem, persegue-o, assim também quem quer evitar um mal, foge dele. E como o prazer é a fruição de um bem, assim também a tristeza é um certo termo do mal que oprime o ânimo. O homem que repudia a tristeza é levado a fazer muitas coisas para afastar a tristeza ou as coisas que inclinam à tristeza.

Ora, sendo a inveja uma tristeza pela glória de outro, considerada como um certo mal, segue-se que, movido pela inveja, tenda a fazer coisas contra a ordem moral para atingir o próximo e, assim, a inveja é vício capital. Nesse impulso da inveja, há princípio e termo final. O princípio é precisamente impedir a glória alheia, que é o que entristece o invejoso, e isto se faz diminuindo o bem do outro ou falando mal dele: disfarçadamente, pela *murmuração* [*sussurratio, fofoca*], ou abertamente, *detração*.

Já o termo final da inveja pode ser considerado de dois modos: um primeiro diz respeito à pessoa invejada e, nesse caso, o impulso da inveja termina, por vezes, em *ódio*, isto é, o invejoso não só se entristece pela superioridade do outro, mas, mais do que isso, quer seu mal sob todos os aspectos.

De um outro modo, o termo final desse impulso pode ser considerado por parte do próprio invejoso, que se alegra quando consegue obter o fim que intentava: diminuir a glória do próximo e, assim, se constitui esta filha da inveja que é a *exultação pela adversidade* do próximo. Mas, quando não consegue obter seu propósito – o de impedir a glória do próximo –, então se entristece: é a filha da inveja chamada *aflição pela prosperidade* do próximo.

Acídia, um pecado mal conhecido

De malo, questão 11 – A acídia. Artigo 1 – Se a acídia é pecado.

A acídia – como João Damasceno deixou claro (*De fide* II, 14) – é uma certa tristeza, daí que Gregório (*Mor.* 31, 45) por vezes empregue a palavra "tristeza" em lugar de "acídia". Ora, o objeto da tristeza é o mal presente, como diz João Damasceno (*De fide* II, 12). Ora, assim como há um duplo bem – um que é verdadeiramente bem e outro que é um bem aparente, pelo fato de que é bom só segundo um determinado aspecto (pois só é verdadeiramente bem o que é bom independentemente deste ou daquele determinado aspecto particular) –, há também um duplo mal: o que é verdadeira e simplesmente mal e o mal relativo a um certo aspecto, mas que – para além desse particular aspecto – é, pura e simplesmente, bom.

Portanto, como são louváveis o amor, o desejo e o prazer referentes a um bem verdadeiro, e reprováveis, se referentes a um bem aparente, que não é verdadeiramente bem; assim também o ódio, o fastidio e a tristeza em relação ao mal verdadeiro são louváveis, mas em relação ao mal aparente (mas que em si mesmo é bom) são reprováveis e constituem pecado.

Ora, a acídia é o tédio ou tristeza em relação aos bens interiores e aos bens do espírito, como diz Agostinho a propósito do Salmo (104, 18): "Para a sua alma, todo alimento é repugnante." E sendo os bens interiores e espirituais verdadeiros bens e só aparentemente podem ser considerados males (na medida em que contrariam os desejos carnais), é evidente que a acídia tem por si caráter de pecado (...).

As filhas da acídia

Summa theologica II-II q. 35, a.4 (Solução e resposta às objeções 2 e 3) – A acídia como pecado capital. As filhas da acídia (*desespero, pusilanimidade, torpor, rancor, malícia, divagação da mente*).

Solução (e ad2 e ad3). Como já dissemos, vício capital é aquele do qual naturalmente procedem – a título de finalidade – outros vícios. E como os homens fazem muitas coisas por causa do prazer – para obtê-lo ou movidos pelo impulso do prazer –, assim também fazem muitas coisas por causa da tristeza: para evitá-la ou arrastados pelo peso da tristeza. E esse tipo de tristeza que é a acídia é convenientemente situado como vício capital (...).

Gregório (*Mor.* XXXI, 45) acertadamente indica as filhas da acídia. De fato, como diz o Filósofo (*Eth.* 7, 5-6, 1158 a 23): "ninguém pode permanecer por muito tempo em tristeza, sem prazer", e daí se seguem dois fatos: o homem é levado a afastar-se daquilo que o entristece e a buscar o que lhe agrada e aqueles que não conseguem encontrar as alegrias do espírito instalam-se nas do corpo (*Eth.* 10, 9, 1176 b 19).

Assim, quando um homem foge da tristeza opera-se o seguinte processo: primeiro foge do que o entristece e, depois, chega a empreender uma luta contra o que gera a tristeza.

Ora, no caso da acídia, em que se trata de bens espirituais, esses bens são fins e meios. A fuga do fim se dá pelo *desespero*. Já a fuga dos bens que conduzem ao fim dá-se pela *pusilanimidade*, que diz respeito aos bens árduos e que requerem deliberação, e pelo *torpor* em relação aos preceitos, no que se refere à lei comum.

Por sua vez, a luta contra os bens do espírito que, pela acídia, entristecem, é *rancor*, no sentido de indignação, quando se refere aos homens que nos encaminham a eles; é *malícia*, quando se estende aos próprios bens espirituais, que a acídia leva a detestar. E quando, movido pela tristeza, um homem abandona o espírito e se instala nos prazeres exteriores, temos a *divagação da mente* pelo ilícito (...).

Já a classificação de Isidoro dos efeitos da acídia e da tristeza recai na de Gregório. Assim, a *amargura*, que Isidoro situa como proveniente da tristeza, é um certo efeito do *rancor*; a *ociosidade* e a *sonolência* reduzem-se ao torpor em relação aos preceitos: o ocioso os abandona e o sonolento os cumpre de modo negligente. Os outros cinco casos recaem na *divagação da mente*: é *importunitas mentis*, quando se refere ao abandono da torre do espírito para derramar-se no variado; no que diz respeito ao conhecimento, é *curiositas*; ao falar, *verbositas*; ao corpo, que não permanece num mesmo lugar, *inquietudo corporis* (é o caso em que os movimentos desordenados dos membros indicam a dispersão do espírito); ao perambular por diversos lugares, *instabilitas*, que também pode ser entendida como instabilidade de propósitos.

A ira

De malo, questão 12, artigo 1 – Se toda ira é má.

A respeito desta questão houve outrora uma controvérsia entre os filósofos: os estóicos diziam que toda ira era viciosa, enquanto os peripatéticos diziam que algumas iras eram boas. Para que se possa ver qual posição é mais verdadeira, é necessário lembrar que qualquer paixão pode ser considerada sob dois aspectos: um como que formal; outro como que material. O formal na ira provém da alma apetitiva, isto é, a ira como desejo de vingança, enquanto o material diz respeito às alterações fisiológicas, isto é, ao calor do sangue perto do coração.

Se consideramos o aspecto formal, a ira pode-se dar tanto no apetite sensível como no apetite intelectual, que é a vontade, e pela qual alguém pode querer se vingar. E segundo esse aspecto é evidente que a ira pode ser boa ou má. Pois é claro que, quando alguém pretende uma vingança de acordo com a devida ordem da justiça, isto é um ato virtuoso, por exemplo, quando – de acordo com a ordem jurídica – quer a vingança para corrigir um pecado, e isto é irar-se contra o pecado.

Quando, porém, alguém quer uma vingança à margem da ordem jurídica ou pretendendo mais o extermínio de quem peca do que do próprio pecado, isto é irar-se contra o irmão. Mas não seria sob esse aspecto a discórdia entre estóicos e peripatéticos, pois os estóicos aceitariam o fato de que, em alguns casos, a vingança é virtuosa.

Todo o problema da controvérsia estava no segundo aspecto, o aspecto material da ira, isto é, a excitação do coração, pois tal excitação impede o uso da razão, que é principalmente o bem da virtude. E, assim, independentemente de qual fosse a causa, parecia aos estóicos que a ação da ira fosse contra a virtude e que toda ira seria viciosa.

Mas, se examinamos bem a questão, vemos que a argumentação dos estóicos é deficiente em três aspectos.

Primeiro, porque não distinguiam entre o que é melhor em termos puramente abstratos e o que é melhor para o caso desta pessoa concreta. Pois acontece que uma coisa pode ser melhor em termos abstratos, mas não para esta pessoa concreta: como o filosofar, genericamente, é melhor do que tornar-se rico, mas para aquele a quem lhe falta o necessário é melhor enriquecer-se, como diz o filósofo (*Topic.* 118 a 10-1); e ser furioso é um bem para o cão, de acordo com sua natureza, mas não o é para o homem. E, assim, sendo a natureza do homem composta de alma e corpo, uma natureza intelectiva e sensitiva, é próprio do bem do homem submeter à virtude esse todo de si mesmo: a parte intelectiva, mas também a sensitiva e o corpo. E assim para a virtude do homem se requer que o impulso para a justa vingança não só afete a parte racional da alma, mas também a sensitiva e o próprio corpo, e que o próprio corpo seja movido para servir à virtude.

Em segundo lugar, os estóicos não repararam no fato de que a ira e outras paixões semelhantes podem se relacionar com a razão de dois modos:

1. Antecedente e, neste caso, necessariamente, a ira – e as paixões semelhantes – impede o juízo da razão, pois a alma só pode avaliar a verdade com uma certa tranqüilidade de mente e, por isso, diz o filósofo (*Phys.* 7, 6; 247 b 23-4) que a alma, tendo paz, se faz conhecedora e prudente.

2. De modo conseqüente, isto é, depois de a razão ter emitido um juízo e ordenado a vingança, a paixão se excita para executar este mandato: e, assim, a ira (e as paixões semelhantes) não só não impede o juízo da razão (já efetuado), mas antes ajuda para que seja prontamente executado e, assim, é útil para a virtude. Daí que Gregório (*Moral.* V, 45) afirme: "É necessário o máximo cuidado para que a ira, que deve ser instrumento da virtude, não domine a mente, mas que, como serva pronta a obedecer, não deixe de seguir a razão, pois quanto mais su-

jeita à razão, tanto mais veementemente se ergue contra os vícios."

A terceira deficiência dos estóicos é que não consideraram acertadamente a ira e as demais paixões. Pois nem todos os movimentos do apetite são paixões, e eles não distinguiram as paixões, isto é, movimentos do apetite sensível, dos movimentos da vontade – isto é, apetite racional –, porque também não distinguiam os dois apetites. E se os diferenciavam era pela afirmação de que as paixões eram movimentos apetitivos que transgridem o harmônico equilíbrio da razão ordenada, considerando-as doenças da alma, do mesmo modo que as doenças do corpo transgridem o equilíbrio da saúde. Com estes pressupostos, necessariamente a ira – e todas as paixões – eram, para eles, más.

Ora, se atentamos à realidade, diremos que a ira é um movimento do apetite sensitivo e esse movimento pode ser regulado pela razão e enquanto segue o juízo da razão, põe-se a serviço dela para sua pronta execução. E como a condição da natureza humana exige que o apetite sensitivo seja movido pela razão, é necessário afirmar, com os peripatéticos, que algumas iras são boas e virtuosas.

As filhas da ira

De malo, questão 12 , artigo 5 – A ira como vício capital. As filhas da ira.

Como já dissemos, vício capital é aquele do qual procedem – a título de finalidade – outros vícios. Ora, acontece freqüentemente que, pelo fim da ira, isto é, por tomar vingança, se cometam muitas ações fora da ordem moral e, assim, a ira é vício capital. E Gregório (*Mor.* XXXI, 45) indica suas seis filhas: *rixa, perturbação da mente, insultos, clamor, indignação* e *blasfêmia.*

E isto porque a ira pode ser considerada de três modos: de acordo com o que ela é no coração, na boca e nas ações.

De acordo com o que a ira é no coração, surge dela um vício, que tem sua causa na injustiça sofrida: pois o dano sofrido só incita à ira enquanto considerado como injusto, pois, desse modo, requer vingança. Ora, quanto mais uma pessoa é de baixa condição e dependente de outra, tanto mais é injusto que esta lhe cause um dano e por isso cresce a injustiça no ânimo do irado, ao considerar o dano, e empreende a vingança pela indignidade da pessoa responsável pelo dano: e isto é propriamente a *indignação.*

Mas há outro vício causado pela ira no coração. Pois o irado fica maquinando pensamentos sobre os possíveis diversos modos e meios de se vingar e seu ânimo como que se incha, como diz Jó (15, 2): "Acaso é próprio do sábio encher seu ventre de vento ardente?", e assim, da ira, nasce a perturbação da mente (*tumor mentis*).

A ira também irrompe no falar: seja contra Deus – que permite que se lhe dirijam ofensas – e assim da ira nasce a *blasfêmia*; seja contra o próximo, em que se dão os dois graus de ira de que se fala em Mateus 5, 22. Um deles é quando se prorrompe em palavras confusas sem exprimir uma ofensa específica, como o que dissesse a seu irmão "*raca*" [Tomás, aqui, interpreta o "*raca*" do Evangelho como interjeição], que é uma interjeição de ira: e, assim, da ira origina-se o *clamor,* isto é, o falar confuso e desordenado que indica o estado de ira. O outro grau de ira nas palavras dá-se quando alguém prorrompe em palavras injuriosas, como quando diz a seu irmão: "imbecil", e aí é o caso do *insulto*. Quando a ira entra nas vias de fato, causa a *rixa* e tudo o que dela deriva: ferimentos, homicídios etc.

A avareza

De malo, questão 13, artigo 1 – Se a avareza é um pecado específico.

A palavra *avareza*, segundo a significação originária, está ligada a uma desordenada ambição de dinheiro: como diz Isidoro no livro das *Etimologias* (X, 9), *avarus* é como que *avidus aeris*, ávido de dinheiro [cobre], em consonância com a palavra correspondente em grego *filargiria*, amor à prata. Ora, sendo o dinheiro uma matéria específica, parece que a avareza é também um vício específico, segundo a imposição originária do nome. Mas, por extensão, avareza é tomada também como desordenada cobiça de quaisquer bens e, neste sentido, é um pecado genérico, pois todo pecado é um voltar-se desordenadamente a algum bem passageiro: daí que Agostinho (*Super Gen.* XI, 5) afirme haver uma avareza "geral", pela qual se deseja mais do que o devido alguma coisa, e uma avareza "específica", à qual se chama usualmente amor ao dinheiro.

A razão desta distinção está no fato de que a avareza é um desordenado afã de ter, e "ter" pode ser entendido de modo específico ou geral, pois também dizemos que "temos" aquelas coisas de que podemos dispor a bel-prazer [tempo, saúde etc. Cf. II-II, 118, 2]. Assim também a avareza é tomada em sentido geral, como desordenado afã de "ter" uma coisa qualquer, e em sentido específico, pelo afã de propriedade de posses que se resumem todas no dinheiro, pois seu preço é medido com dinheiro, como diz o Filósofo (*Eth.* IV, 1, 1119 b 26-27).

Mas, como o pecado se opõe à virtude, é necessário considerar que a justiça e a generosidade (*liberalitas*) – cada uma a seu modo – versam sobre as posses ou o dinheiro. É próprio da justiça o meio de igualdade estabelecido pela própria coisa, de tal modo que cada um tenha o que lhe é devido; já a liberalidade estabelece o meio a partir das próprias condições da alma, isto é, de modo que não se tenha exagerado afã ou avidez de dinheiro e saiba gastá-lo com prazer e sem tristeza quando e onde seja necessário.

É por isso que alguns situam a avareza como oposto da generosidade e, nesse sentido, a avareza é um defeito [uma deficiência] no que diz respeito a gastar dinheiro e um excesso no que diz respeito à sua busca e retenção. Já o Filósofo (*Eth.* V, 1, 1129 a 31 – b 10) fala da avareza como oposto da justiça, no sentido de que o avaro recebe ou retém bens de outros, contra o que é devido por justiça e à generosidade se opõe, não a avareza, mas a iliberalidade, como fica claro em *Eth.* IV, 10 (1122 a 13-4). E com isto concorda a autoridade de João Crisóstomo (*In Matt.* 15, 3) e o que se lê em Ezequiel (22, 27): "Seus príncipes estão no meio deles como lobos predadores que atacam a presa para derramar sangue e obter lucros com avareza."

As filhas da avareza

De malo, questão 13, artigo 3 – Se avareza é vício capital.

A avareza deve ser incluída entre os vícios capitais, pois, como dissemos, vício capital é aquele que detém um fim principal para o qual naturalmente se orientam muitos outros vícios. Ora, o fim de toda a vida humana é a felicidade à qual todos apetecem. Daí que se, nas coisas humanas, algo participa – verdadeira ou só aparentemente – de alguma condição da felicidade, terá uma certa primazia no gênero dos fins.

Ora, são três as condições da felicidade, segundo o Filósofo (*Ethic.* I, 9, 1097 a 30 ss.): que seja um bem perfeito, suficiente por si mesmo e acompanhado de prazer.

Mas um bem parece ser perfeito enquanto possui uma certa excelência, e por isso a excelência parece ser algo principalmente desejável e, por isso, a soberba ou a vaidade são consideradas vícios capitais. Já no que diz respeito às coisas sensíveis, o máximo prazer se dá no tato: nas comidas e nos prazeres venéreos, daí que a gula e a luxúria sejam consideradas vícios capitais. Mas são principalmente as riquezas que prometem a suficiência dos bens temporais, como diz Boécio (*De consol. phil.* II e III), daí que a avareza, o desordenado afã de riquezas, seja considerada vício capital.

E Gregório (*Mor.* XXXI, 45) enumera sete filhas da avareza: a *traição*, a *fraude*, a *mentira*, o *perjúrio*, a *inquietude*, a *violência* e a *dureza de coração*. A distinção entre elas se estabelece do seguinte modo. A avareza comporta duas atitudes, uma das quais é o excesso de apego ao que se tem, do qual procede a *dureza de coração*, o ser desumano, que se opõe à misericórdia, porque evidentemente o avaro endurece seu coração e não se vale de seus bens para socorrer misericordiosamente alguém.

A outra atitude própria do avaro é o excesso no afã de ajuntar para si, do qual procede a *inquietude*, que impõe ao homem preocupações e cuidados excessivos: "O avaro nunca se sacia de dinheiro", diz o Eclesiastes (5, 9).

Quando consideramos a avareza do ponto de vista da execução da ação, ao procurar para si bens alheios ela pode servir-se da força e dá origem à *violência* ou, em outros casos, ao engano: se este se verifica por simples palavras, com que se engana alguém para lucrar, será *mentira*; se as palavras enganosas são acompanhadas de juramento, será *perjúrio*.

Quanto ao engano no próprio ato: se é em relação a coisas, dá-se *fraude*; se a pessoas, *traição*: como é evidente no caso de Judas, que por sua avareza tornou-se traidor de Cristo.

A gula

De malo, questão 14, artigo 1 – Se a gula é pecado.

Como diz Dionísio (*De div. nom.* 4, 32) o mal da alma consiste em estar à margem da razão, daí que há pecado sempre que se abandona a regra da razão: o pecado é um ato desordenado, ou seja, mau. Ora, pode-se abandonar a regra da razão por atos exteriores ou nas paixões interiores da alma, que pela razão devem se regular. Em algumas paixões, acontece que há mais pecado quanto mais difícil é submetê-las à regra da razão.

Ora, entre todas as paixões, a coisa mais difícil de ordenar é o prazer segundo a razão e principalmente os prazeres naturais que são "companheiros de nossa vida". É precisamente o caso dos prazeres do comer e do beber, sem os quais não é possível a vida humana, e é por isso que é em relação a esses prazeres que freqüentemente se transgride a regra da razão. Essa transgressão é o pecado da gula, daí que se diga que a "gula é a falta de moderação no comer e beber".

Mas o pecado da gula não consiste nos atos exteriores do próprio comer, a não ser por conseqüência, enquanto procede do desejo desordenado de alimento, como acontece com todos os outros vícios referentes a paixões, daí que Agostinho (*Conf.* 10, 31) diga: "Não temo a impureza da comida, mas a do desejo." Fica claro, portanto, que a gula se refere às paixões e se opõe à temperança enquanto diz respeito aos desejos e prazeres do comer e do beber.

A gula e suas facetas

De malo, questão 14, artigo 3 – As cinco espécies de gula.

São estabelecidas por Gregório (*Mor.* XXX, 18): "O vício da gula nos tenta de cinco modos, levando-nos a: antecipar a hora devida de comer, a exigir alimentos caros, a reclamar requintes no preparo da comida, a comer mais do que o razoável e a desejar os manjares com ímpeto de um desejo desmedido." O que se resume no seguinte verso: "inoportuno, luxuoso, requintado, demasiado e ardente" ["*Praepropere, laute, nimis, ardenter, studiose*"].

As filhas da gula

De malo, questão 14, artigo 4 – Se a gula é vício capital. As filhas da gula (*imundície, embotamento da inteligência, alegria néscia, loquacidade desvairada, expansividade debochada*).

Como dissemos, vício capital é aquele do qual – a título de causa final – se originam outros vícios, enquanto o objeto do vício capital é desejável intensa e imediatamente e, principalmente, enquanto tem uma certa semelhança com a felicidade, que todos naturalmente desejam. Ora, uma das condições necessárias para que haja felicidade é o prazer. Portanto, o pecado da gula, que diz respeito a um dos máximos prazeres, o de comer e beber, é um vício capital.

Há certos vícios, as filhas da gula, que nascem da gula e podem se seguir a um prazer desregulado no comer e no beber. Estes podem ser por parte do corpo – e assim é considerada filha da gula a impureza da *imundície*, cuja polução facilmente se segue aos excessos no comer – ou por parte da alma, à qual compete governar o corpo, e esse governo é impedido de diversos modos pelo prazer desregulado no comer e no beber.

Em primeiro lugar, quanto à razão, cuja agudeza se torna obtusa pelo excesso de quantidade ou de solicitude no comer, pois quando se perturbam as potências inferiores corporais pelo consumo desordenado de alimentos também a razão fica obstruída e, assim, o *embotamento da inteligência* é considerado filho da gula.

Em segundo lugar, há uma desordem nos atos da vontade, que ficam como que à deriva pelo adormecimento de seu piloto, a razão. E assim surge a *alegria néscia*.

Em terceiro lugar, uma desordem no falar, a *loquacidade desvairada*: como a razão não pondera, o homem se dispersa em falatórios supérfluos.

Em quarto lugar, uma desordem no agir: uma certa *expansividade debochada* [*scurrilitas, iocularitas*] nos gestos exteriores, também decorrente da falta da razão, a quem compete a compostura dos membros exteriores.

Assim, pois, a gula é vício capital e suas filhas são cinco, como diz Gregório (*Mor.* XXXI, 45): a *alegria néscia*, a *expansividade debochada*, a *loquacidade desvairada*, a *imundície* e o *embotamento da inteligência*.

A luxúria

Summa theologica II-II q. 153, Corpos dos artigos 1 a 4 – A luxúria como pecado.

1. A matéria da luxúria: os prazeres sexuais.

Como diz Isidoro (*Etym.* 10), "luxurioso" significa como que "dissolvido nos prazeres". Ora, são os prazeres sexuais os que mais dissolvem a alma do homem. E, assim, considera-se a luxúria referente principalmente aos prazeres sexuais.

2. O ato sexual pode ser isento de pecado.

O pecado nos atos humanos é o que contraria a ordem da razão. Ora, a ordem da razão requer que tudo se dirija convenientemente a seu fim. E assim não há pecado se pela razão o homem se vale, no modo e na ordem conveniente, das coisas de acordo com o fim para que existem, se esse fim for bom. E assim como é verdadeiramente um bem que se conserve a natureza corporal do indivíduo, também é um bem excelente que se conserve a espécie humana. E tal como o uso da comida se dirige à conservação da vida do indivíduo singular, assim o uso dos atos sexuais se dirige à conservação de todo o gênero humano. Daí que Agostinho (*De bono coniugali*, 16) diga: "O que é o alimento para a vida do homem é o ato sexual para a vida do gênero." E assim como o uso dos alimentos pode se dar sem pecado, se feito do modo devido e adequado a seu fim, de acordo com o que compete à saúde do corpo, também o uso dos atos sexuais pode se dar sem pecado, se feito do modo devido e adequado a seu fim, como o exige o fim da geração humana.

3. A luxúria é pecado.

Quanto mais necessário for algo, tanto mais é necessário que se observe a regra da razão e, portanto, será mais vicioso se se afasta da ordem da razão. Ora, a prática dos atos sexuais é extremamente necessária para o bem comum, que é a conservação do gênero humano. E assim, de modo especial, deve submeter-se à ordem da razão. Portanto, nessa matéria, o que se fizer à margem da ordem da razão será vicioso. É o caso da luxúria que, por definição, transgride a ordem e o modo da razão no que diz respeito aos atos sexuais. E assim, sem dúvida, a luxúria é pecado.

4. A luxúria é vício capital.

Como dissemos, vício capital é aquele cujo fim é muito desejável, de tal modo que, por desejá-lo, o homem é levado a cometer muitos pecados e todos têm origem naquele vício principal. Ora, o fim da luxúria é o prazer sexual, que é o máximo. E sendo este prazer o que exerce maior atração ao apetite sensível, quer pela sua veemência, quer pela conaturalidade dessa concupiscência, é manifesto que a luxúria é vício capital.

As filhas da luxúria

De malo, questão 15, artigo 4 – As filhas da luxúria.

Como dissemos anteriormente, sendo o prazer uma das condições da felicidade, os vícios que têm por objeto o prazer são capitais, pois têm fins maximamente apetecíveis aos quais outros vícios naturalmente se dirigem.

Ora, o prazer sexual, finalidade da luxúria, é o mais intenso dos prazeres corporais e, assim, a luxúria é vício capital e tem, como mostra Gregório (*Mor.* XXXI, 45), oito filhas: "*cegueira da mente, irreflexão, inconstância, precipitação, amor de si, ódio de Deus, apego ao mundo,* e *desespero em relação ao mundo futuro*".

Há um fato evidente: quando a alma se volta veementemente para um ato de uma faculdade inferior, as faculdades superiores se debilitam e se desorientam em seu agir. No caso da luxúria, por causa da intensidade do prazer, a alma se ordena às potências inferiores – à potência concupiscível e ao sentido do tato. E é assim que, necessariamente, as potências superiores, isto é, a razão e a vontade, sofrem uma deficiência.

Ora, são quatro os atos pelos quais a razão dirige o ato humano: o primeiro é julgar retamente a respeito do fim, como princípio do agir, conforme diz o filósofo (*Phys.* 2, 15; 200 a 34 – b 1), e a obstaculização desse ato é por conta da filha da luxúria que se denomina *cegueira da mente*, como se vê em Daniel (13, 56): "A beleza te enganou e o desejo perverteu teu coração."

O segundo ato é a deliberação, que fica obstruído pela concupiscência, pois, como diz Terêncio (*Eunuco*, ato I, 1, 12) do amor libidinoso: "não admite deliberação, nem medida, tu não podes governar com a reflexão" – é o caso da *irreflexão*.

O terceiro ato é o juízo sobre como se deve agir, também isto é impedido pela luxúria, como se lê em Daniel (13, 9): "Perderam a cabeça para não se recordarem do justo juízo." É a *precipitação*, pela qual o homem é levado a um juízo precipitadamente, sem esperar o juízo da razão.

O quarto ato é o de mandar o que se deve fazer. Também este é impedido pela luxúria, na medida em que o homem não persiste naquilo que tinha decidido, como se vê novamente por Terêncio (*Eunuco*, ato I, 1, 23), a propósito daquele que afirma a intenção de renunciar à amiga: "Uma pequena lágrima falsa basta para anular estas palavras." Aqui se situa a *inconstância*.

Por parte da desordem da vontade, dois aspectos devem ser considerados: um é o desejo de prazer, que move a vontade como fim. E aqui se situam o *amor de si*, quando alguém deseja desordenadamente o prazer e, por outro lado, o *ódio a Deus* enquanto proíbe o desejo desordenado. O outro aspecto é o desejo daquelas coisas por meio das quais se atingem esses fins. E aqui se situam o *apego ao mundo*, isto é, todas aquelas coisas do presente mundo que servem a esse fim, e, por outro lado, o *desespero em relação ao mundo futuro*, pois quanto mais excessivo o apego aos prazeres carnais, mais se desprezam os espirituais.

APÊNDICES

1. Sentenças sobre a Inveja
2. Sentenças sobre a Avareza
3. Sentenças sobre a Ética

Nota introdutória

Apresentamos, a seguir, três coleções (bilíngües) de sentenças de Tomás. Por seu caráter de vícios especialmente aversivos, duas delas são dedicadas à inveja e à avareza, respectivamente. Numa terceira seleção de sentenças – voltada aos fundamentos da ética de Tomás –, articulam-se seus conceitos básicos de *razão, natureza* e *ordem* (*ratio, natura* e *ordo*) com sua concepção de *moral, virtude* e *pecado*. Naturalmente, os significados dessas palavras em Tomás não coincidem com os que lhes damos hoje: *ordo* não indica algo estático, mas é entendida como a dinâmica da *ordem* moral, o agir que leva à plena realização humana. Esta ordem se realiza quando agimos de acordo com a realidade, com a *natureza* (aquilo que *somos/estamos chamados a ser* por sermos homens). Para Tomás, sendo a criação um ato inteligente de Deus, do *Logos*, falar em *ordem* e *natureza* pressupõe a "verdade das coisas", uma *razão* – conferida pelo *Verbum* – que estrutura por dentro cada ente. Nesta perspectiva, toda norma moral deve ser entendida como um enunciado a respeito do ser do homem; e a transgressão moral, o pecado, traz consigo uma agressão ao que o homem é. Os imperativos morais ("Farás x...", "Não farás y...") são, no fundo, enunciados sobre a natureza humana: "O homem é um ser tal que sua felicidade, sua realização, requer x e é incompatível com y".

1. Sentenças sobre a inveja

A inveja (junto com a avareza) é – tanto para Tomás como para a sabedoria do pára-choque do irmão da estrada – um dos vícios capitais mais detestáveis. A inveja, *in-vidia, invidentia*, é não ver, não querer ver o bem do outro.

As metáforas da inveja

A inveja é podridão

1. A propósito de Pr 14, 30: "A inveja é a podridão dos ossos", comenta Gregório (*Mor.* 6, 7): "Pelo vício da inveja, desfazem-se aos olhos de Deus os bons atos das virtudes" (*De malo*, 10, 2 sc 1).

Sed contra. Est quod Gregorius dicit exponens id quod habetur Prov. XIV, 30: putredo ossium invidia. Per livoris (inquit) vitium ante dei oculos pereunt bene acta virtutum.

Roer-se de inveja

2. A inveja é comparada à traça, que rói ocultamente as vestes, pois dilacera o amor e, por isso, desfaz a unidade (*Cat. Aur. in Matt* 6, 14).

Allegorice autem... tinea, quae vestes latenter rodit, invidia est, quae bonum studium lacerat, et per hoc compactionem unitatis dissipat.

3. Roído pela inveja (*Super Ev Mt* cp 6 lc 5).

Per invidiam corroduntur.

A inveja é tortuosa, como a cobra.
A inveja é sombria e tenebrosa

4. Distorcer é entortar o que era reto. Daí que por cobra tortuosa se entendam aquelas criaturas cuja beleza se obscureceu pelo pecado e distorceram sua retidão, principalmente o diabo, por quem a inveja entrou no mundo. De sua tenebrosidade fala Jó: "Dorme em sombras; esconde-se entre as canas" (*In II Sent.*).

Distortum enim est quod rectitudine obliquatur. Et ideo per hunc colubrum tortuosum creaturae illae intelligi possunt quarum pulchritudo est per peccatum obscurata et rectitudo obliquata, et praecipue diabolum, cujus invidia mors intravit in orbem terrarum, Sap. 3, et de umbrositate ejus dicitur Job 40, 16: sub umbra dormit in secreto.

O fedor da inveja

5. Mas para outros é na verdade odor da morte que leva à morte, isto é, da inveja e maldade que ocasionalmente os conduzem (os invejosos) à morte eterna...

Sed aliis quidem est odor mortis in mortem, id est, invidiae et malitiae occasionaliter ducentis eos in mortem aeternam, illis scilicet qui invidebant...

O espinho da inveja

6. Outros, porém, espicaçados pelo espinho da inveja... (*Catena Aurea in Lucam* cp 11 lc 4).

Alii vero paribus stimulati livoris aculeis.

7. Movidos pelo espinho da inveja (*Catena Aurea in Lc* cp 7 lc 3).

Invidia stimulante...

A inveja morde

8. Alguns estavam mordidos de inveja (*Catena Aurea in Mt* cp 20 lc 1).

Hoc ut ostendat aliquos esse invidia morsos...

A inveja é cega

9. Atingidos pela cegueira da inveja (*Catena Aurea in Mt* cp 21 lc 1).

Sed invidia caecatos scribas et pharisaeos...

10. Porque estavam completamente dominados pela cegueira da inveja (*Catena Aurea in Mt* cp 27 lc 4).

Quia eos omnino invidia excaecaverat.

A inveja queima

11. Torturados de inveja, queimados de inveja (*Catena Aurea in Mt* cp 21 lc 4).

...Invidia torquebantur. itaque non sufferentes in pectore suo invidiae stimulantis ardorem...

12. A febre da inveja (*Super Ev Mt* cp 8 lc 3).

Haec febricitabat, scilicet synagoga, febre scilicet invidiae.

A inveja envenena

13. O veneno da inveja (*Catena Aurea in Mt* cp 22 lc 5).

Ex hoc autem intelligimus venena invidiae superari posse, sed difficile quiescere.

O arroto da inveja

14. O arroto da inveja (*Sermones* 2, ps 3).

Difficile est quod cor plenum invidia non eructet quandoque aliquid ex illo, quia ex abundantia cordis os loquitur.

A inveja avinagra

15. A inveja é representada pelo vinagre (*Super Ev. Io.* cp 19, lc 5).

Mystice autem per haec tria signantur tria mala quae in iudaeis erant: scilicet invidia per acetum etc.

A inveja dói

16. Há certos pecados que são dores, como a acídia e a inveja (*In IV Sent.* d 17, q 2, a 1, 5).

Sed quaedam peccata sunt dolores, sicut invidia et accidia.

Outros aspectos da inveja

17. Vejo, mas não invejo... (*Catena Aurea in Io.* cp 9 lc 4).

Video, sed non invideo (trocadilho de Santo Agostinho).

18. Não há nada mais vil do que a inveja (*Catena Aurea in Io.* cp 4 lc 9).

Nihil enim livore et invidia deterius.

19. Freqüentemente os soberbos julgam os outros superiores em muitas coisas, sem no entanto deixarem de se considerar mais dignos delas, por causa dos bens em que os outros parecem superá-los, da própria soberba nasce um zelo de inveja (*In II Sent.* d 21 q 2 a 1 r 1).

Unde superbi frequenter alios se superiores in multis aestimant, qui tamen multa sibi magis digna esse cogitant, propter alia bona in quibus alios excedere videntur: et ideo ex ipsa superbia invidiae zelus *oritur.*

20. (O ódio pode surgir também...) quando alguém por semelhança impede a fruição da realidade amada por alguém que a ama. E isto se dá em todas as coisas que não podem ser simultaneamente possuídas por vários, como é o caso das coisas materiais. Daí que quem ama o proveito ou o prazer de algo, impeça a fruição desse algo por outro que, tal como ele, quer se apropriar daquilo. Daí o ciúme, que não suporta participação no amado, e a inveja, que pensa que o bem do outro é obstáculo para seu próprio bem (*In II Sent.* d 27, q 1, a 1, ad 3).

Secundo quando aliquis ex ipsa similitudine impedit amantem ab amati fruitione; et hoc invenitur in omnibus rebus quae non possunt simul a multis haberi, sicut sunt res temporales; unde qui amat lucrum de aliqua re, vel delectationem, impeditur a fruitione sui amati per alium, qui sibi vult similiter illud appropriare; et hinc oritur zelotypia, quae non patitur consortium in amato; et invidia, inquantum bonum alterius aestimatur impeditivum boni proprii.

21. Há certos pecados que se cometem por tristeza, como a acídia e a inveja (*In IV Sent.* d 17, q 2, a 2, 1).

Sed quaedam peccata per tristitiam committuntur, sicut acidia et invidia.

22. (Nos condenados do inferno) Agiganta-se o ódio e a inveja, porque preferem ser mais torturados com muitos do que menos torturados sozinhos (*In IV Sent.* d 50, q 2, a 1, ad 3).

(...) Superexcrescet odium et invidia, quod eligerent torqueri magis cum multis quam minus soli.

23. Só a soberba e a inveja são pecados puramente espirituais, portanto do âmbito possível dos demônios (I, 63, 2 ad 2).

Sola superbia et invidia sunt pure spiritualia peccata, quae daemonibus competere possunt.

24. Como a inveja se sente da glória de outrem enquanto ela diminui a glória desejada, apenas sentimos inveja daqueles a quem pretendemos igualar-nos ou a quem, em glória, nos preferimos; o que não se verifica quanto aos que estão de nós muito distantes. Com efeito, ninguém, a não ser um louco, se empenha em se igualar ou superar em glória os que são muito maiores: não só o rei não inveja o plebeu; também o plebeu não inveja o rei. E, assim, um homem não inveja os que estão muito longe por lugar, tempo ou prestígio; mas os que estão perto – esses são os que incomodam – e aos quais ele quer se igualar ou superar (II-II, 36, 1, ad 2).

Quia invidia est de gloria alterius inquantum diminuit gloriam quam quis appetit, consequens est ut ad illos tantum invidia habeatur quibus homo vult se aequare vel praeferre in gloria. Hoc autem non est respectu multum a se distantium, nullus enim, nisi insanus, studet se aequare vel praeferre in gloria his qui sunt multo eo maiores, puta plebeius homo regi; vel etiam rex plebeio, quem multum excedit. Et ideo his qui multum distant vel loco vel tempore vel statu homo non invidet, sed his qui sunt propinqui, quibus se nititur aequare vel praeferre.

25. Ninguém inveja o que é possuído comumente por muitos: ninguém inveja, por exemplo, que outro possa conhecer a verdade, o que é possível para todos, mas talvez a excelência desse conhecimento (I-II, 28, 4 ad 2).

Non autem proprie ex his quae integre possunt a multis possideri, nullus enim invidet alteri de cognitione veritatis, quae a multis integre cognosci potest; sed forte de excellentia circa cognitionem huius.

26. É freqüente que homens que exercem o mesmo ofício se comportem insidiosa e invejosamente entre si. É como diz o provérbio: "oleiro inveja oleiro" e não carpinteiro (*Super Ev. Io* cp 3, lc 4).

Nam communiter videmus hic, homines eiusdem artis insidiose et invide se habere ad invicem. Figulus figulo invidet, non autem fabro.

27. Como os soberbos freqüentemente julgam os outros superiores a si em muitas coisas (...) da própria soberba nasce a inveja (*In II Sent.* d 21, q 2, a 1, ad 1).

Unde superbi frequenter alios se superiores in multis aestimant (...) et ideo ex ipsa superbia invidiae zelus oritur.

28. Pois diz Gregório: "Quando a podridão da inveja corrompe o coração já vencido, os próprios sinais exteriores indicam quão gravemente o desvario instiga o ânimo: o rosto empalidece, os olhos se abatem, a mente se inflama, os membros esfriam, a imaginação se enraivece e os dentes rangem" (II-II, 36, 2, 4).

Dicit enim Gregorius, V Moral., cum devictum cor livoris putredo corruperit, ipsa quoque exteriora indicant quam graviter animum vesania instigat, color quippe pallore afficitur, oculi deprimuntur, mens accenditur, membra frigescunt, fit in cogitatione rabies, in dentibus stridor.

29. Há pecados que se cometem não para ganhar algo, mas só para destruir, como é o caso do homicídio, da inveja e outros que tais (*In II Sent.* d 35, q. 1, a5 ex).

Aliquod enim peccatum est quod est ad corrumpendum, et non ad aliquid acquirendum, ut patet in homicidio et invidia, et hujusmodi.

30. Da inveja nasce o ódio (II-II, 34, 6, c).

Ex invidia oritur odium.

31. A ira pode ser boa ou má; ao contrário da inveja, que basta nomeá-la, e já soa como algo mau (II-II, 158, 1, c).

Et ideo invidia, mox nominata, sonat aliquid mali, ut Philosophus dicit, in II Ethic.. hoc autem non convenit irae, quae est appetitus vindictae, potest enim vindicta et bene et male appeti.

32. A inveja, em geral, procede da soberba. Com efeito, a tristeza pelo bem alheio dá-se no homem porque aparece como obstáculo à própria excelência (*De malo* 8, 1, ad 5).

Invidia, ut in pluribus, ex superbia oritur; propter hoc enim homo maxime tristatur de bono alterius, quia est propriae excellentiae impeditivum.

33. Os pusilânimes são propensos à inveja pois, como se diz no livro de Jó, a inveja mata os pequenos. E isto com razão, pois o medíocre acha que a prosperidade de outro impede a sua: o que é próprio de almas pequenas (*In Iob* cp 5).

Quidam vero sunt pusillanimes et hi proni sunt ad invidiam, unde subdit et parvulum occidit invidia, et hoc rationabiliter dicitur: invidia enim nihil aliud est quam tristitia de prosperitate alicuius inquantum prosperitas illius aestimatur propriae prosperitatis impeditiva; hoc autem ad parvitatem animi pertinet.

34. Fugir dos olhos do invejoso, evitar que seu olhar caia sobre nossas ações (*Super Ev. Io.* cp 5, lc 2).

Ut declinemus et fugiamus oculos invidorum ab omnibus operibus nostris.

35. A inveja como espírito de competição (*Super I Ad Cor.* cp 14 lc 1).

Et ex hoc consurgit aemulatio, quae est invidia.

36. Quem odeia, olha com olhos maus e invejosos a quem odeia (*Catena Aurea in Mc* cp 7 lc 2).

Nam qui odit, oculum malum et invidum habet ad eum quem odit.

2. Sentenças sobre a avareza

37. Como o objeto da avareza é o dinheiro, que promete suficiência em todas as coisas necessárias ao homem, é facílimo propender para esse vício (*In II Sent*. d 42 q 2 a3 ad 1).

Quia objectum avaritiae, scilicet pecunia, promittit sufficientiam in omnibus quae sunt homini necessaria; et ideo facillime affectus inclinatur in hoc vitio.

38. (São Paulo diz que) a avareza é idolatria por uma certa semelhança com a servidão, pois tanto o avaro como o idólatra servem mais a coisas criadas do que ao criador (In II Sent. d 39 q 1 a6 ad 4).

Avaritia dicitur idolatria per quamdam similitudinem servitutis, quia tam avarus quam idolatra potius servit creaturae quam creatori.

39. A avareza torna o homem odioso para os outros (I-II, 29, 4, ad 3).

Avaritia odiosos facit aliis.

40. A insídia de que o homem se vale para arrebatar bens aos outros (...) é própria sobretudo da avareza (II-II, 55, 8, ad 3).

Homo insidiis utitur non solum in diripiendis bonis alienis (...) quorum primum pertinet ad avaritiam.

41. (Discutindo se a avareza é o maior dos pecados, Tomás diz que em termos absolutos não, mas...) De outro ponto de vista, avalia-se o grau do pecado por parte do bem que desordenadamente escraviza o desejo do homem. Ora, quanto menor o bem, tanto maior a monstruosidade do pecado: tanto mais torpe quanto inferior é o bem a que se sujeita. Ora, o bem das coisas exteriores (que o dinheiro pode comprar) é o ínfimo entre os bens humanos: é menor que os bens do corpo, que são menores que os bens da alma, que são menores que o bem divino. Daí que a avareza seja de certo modo a maior deformidade (II-II 118, 5, c).

Alio modo potest attendi gradus peccatorum ex parte boni cui inordinate subditur appetitus humanus, quod quanto minus est, tanto peccatum est deformius; turpius enim est subesse inferiori bono quam superiori. Bonum autem exteriorum rerum est infimum inter humana bona, est enim minus quam bonum corporis; quod etiam est minus quam bonum animae; quod etiam exceditur a bono divino. Et secundum hoc, peccatum avaritiae, quo appetitus humanus subiicitur etiam exterioribus rebus, habet quodammodo deformitatem maiorem.

42. Daí que o Eclesiástico diga que o avarento vende a alma, a vida, porque a expõe a perigos por amor ao dinheiro. E acrescenta que ele se despoja da própria vida, isto é, despreza-a, para ganhar dinheiro (II-II 118, 5, ad 1).

Unde et in Ecclesiastico pro ratione subditur, quia avarus animam suam habet venalem, quia videlicet animam suam, idest vitam, exponit periculis pro pecunia, et ideo subdit, quoniam in vita sua proiecit, idest contempsit, intima sua, ut scilicet pecuniam lucraretur.

43. A cobiça de qualquer bem temporal é o veneno da caridade; por ela o homem despreza o bem divino (II-II 118, 5, ad 2).

Cupiditas enim cuiuscumque temporalis boni est venenum caritatis, inquantum scilicet homo spernit bonum divinum.

44. A avareza é o pecado dos velhos. A avareza é incurável e por isso diz Aristóteles que velhice e insegurança fazem o homem avaro (II-II 118, 5, 3).

Ut dicit Philosophus, in IV Ethic., quod senectus et omnis impotentia illiberales facit.

45. A avareza é irremediável por conta do defeito humano, no qual sempre cai a natureza humana: quanto mais defeitos uma pessoa tem, tanto mais necessita do apoio das coisas exteriores e, portanto, mais se descamba para a avareza (II-II 118, 5, ad 3).

Avaritia vero habet insanabilitatem ex parte defectus humani, in quem scilicet semper procedit humana natura, quia quo aliquis est magis deficiens, eo magis indiget adminiculo exteriorum rerum, et ideo magis in avaritiam labitur.

46. (Pecado espiritual é o que se realiza com prazer da alma e não físico). A avareza é pecado espiritual, por-

que o prazer do avaro é o prazer espiritual de se considerar possuidor de riquezas (II-II 118, 6, c).

Illa vero dicuntur spiritualia quae perficiuntur in spiritualibus delectationibus, absque carnali delectatione. Et huiusmodi est avaritia, delectatur enim avarus in hoc quod considerat se possessorem divitiarum. Et ideo avaritia est peccatum spirituale.

47. (...) Mas por causa de seu objeto é intermédio entre os pecados puramente espirituais e os puramente carnais... (II-II 118, 6, ad 1).

Ratione tamen obiecti, medium est inter peccata pure spiritualia, quae quaerunt delectationem spiritualem (...) et vitia pure carnalia.

48. A avareza é vício capital porque versa sobre um bem principal entre os bens sensíveis: o dinheiro (II-II 118, 7, ad 1).

Avaritia tamen est principale vitium, quia respicit ad pecuniam, quae habet quandam principalitatem inter bona sensibilia.

49. Da avareza procede uma dureza contrária à misericórdia, que impede o coração de se abrandar e ter compaixão para com suas riquezas socorrer os miseráveis (II-II 118, 8, c).

Oritur ex avaritia obduratio contra misericordiam, quia scilicet cor eius misericordia non emollitur, ut de divitiis suis subveniat miseris.

50. Os vícios enumerados por Aristóteles são mais espécies do que filhas da avareza. O defeito do avarento refere-se ao dar. Quem dá pouco é parco; quem não dá nada é agarrado (*tenax*); se só dá com grande dificuldade é "vendedor de cominho", que tem em grande conta coisas de pouco valor (II-II 118, 8, ad 4).

Illa quae ponit Aristoteles sunt illiberalitatis vel avaritiae species magis quam filiae. Potest enim aliquis dici illiberalis vel avarus ex eo quod deficit in dando, et si quidem parum det, vocatur parcus; si autem nihil, tenax; si autem cum magna difficultate det, vocatur kimibilis, quasi kimini venditor, quia de parvis magnam vim facit.

51. O avarento não é útil para os outros nem para si mesmo, pois não se atreve a gastar nem sequer consigo mesmo (II-II 118, 8, ad 4).

Avarus autem nec sibi nec aliis prodest, quia non audet uti etiam ad suam utilitatem bonis suis.

52. E assim se diz que a avareza é raiz de todos os males, não porque todos os males sempre nasçam dela, mas porque não há nenhum que não possa, por vezes, dela nascer (II-II 119, 2, ad 1).

Et sic dicitur esse avaritia radix omnium malorum, non quia omnia mala semper ex avaritia oriantur, sed quia nullum malum est quod non interdum ex avaritia oriatur.

53. A vaidade e a avareza geram-se mutuamente (*Catena Aurea in* Lc cp 4 lc 3).

Inanis gloria et avaritia ad invicem sese gignunt.

54. Com avareza, isto é, com apetite ardente, contínuo e insaciável (*Super ad Eph.* cp 4 lc 6).

Unde dicit in avaritiam, id est ardenter, et appetitu continuo, et insatiabili.

55. Avaro, etimologicamente, é ávido de dinheiro (*avidus aeris,* "de cobre") e, em grego, avareza é *phylargyria,* amor à prata (II-II, 118, 2, 2).

Secundum Isidorum, in libro Etymol., avarus dicitur quasi avidus aeris, idest pecuniae, unde et in graeco avaritia philargyria nominatur, idest amor argenti.

56. Há muitos pobres quanto ao dinheiro que são avaríssimos quanto ao coração (*Catena Aurea in Lc* cp 6 lc 5).

Plures enim pauperes sunt in substantia, avarissimi tamen secundum affectum.

57. Agir de modo avarento, isto é, tomando o que é de outro... (*Sent. Libri Polit.* lb 2, lc 9, 5).

Quod non velint agere avare, idest tollere aliena.

58. (O homem da mão seca – "mão fechada" – no evangelho) representa o avaro que, tendo para dar, só quer arrebatar (*Catena Aurea in Mc* cp 3 lc 1).

Manus erat arida ... significat avaros, qui valentes dare, volunt accipere, praedari.

59. Cristo não disse não ter riquezas, mas não servir às riquezas... (*Catena Aurea in Lc* cp 16 lc 2).

Et tamen non dixit: qui habet divitias, sed: qui servit divitiis; qui enim divitiarum servus est, divitias custodit ut servus.

60. Como diz o livro dos Provérbios: o avarento odeia o avarento (*Super Dv 1o.* cp 15, lc 4).

Prov. XIII, 10: et avarus odit avarum.

3. Sentenças sobre a ética

Razão-natureza

1. A razão reproduz a natureza.
Ratio imitatur naturam (I, 60, 5).

2. A causa e a raiz do bem humano é a razão.
Causa et radix humani boni est ratio (I-II, 66, 1).

3. "Natureza" procede de nascer.
Natura a nascendo est dictum et sumptum (III, 2, 1).

4. A palavra natureza se impôs primeiramente para significar a geração dos seres vivos, que se chama nascimento. E como tal geração provém de um princípio intrínseco, estendeu-se o uso da palavra para significar princípio intrínseco de qualquer mudança. Sendo tal princípio formal ou material, tanto a matéria quanto a forma são comumente chamadas natureza. Mas como é pela forma que se perfaz a essência de uma coisa qualquer, a essência, que é expressa na definição, é comumente chamada natureza.

Nomen naturae primo impositum est ad significandam generationem viventium, quae dicitur nativitas. Et quia huiusmodi generatio est a principio intrinseco, extensum est hoc nomen ad significandum principium intrinsecum cuiuscumque motus. Et quia huiusmodi principium est formale vel materiale, communiter tam materia quam forma dicitur natura. Et quia per formam completur essentia uniuscuiusque rei, communiter essentia uniuscuiusque rei, quam significat eius definitio, vocatur natura (I, 29, 2 ad 4).

5. A reta ordem das coisas coincide com a ordem da natureza; pois as coisas naturais se ordenam a seu fim sem qualquer desvio.

Rectus ordo rerum convenit cum ordine naturae; nam res naturales ordinantur in suum finem absque errore (C.G. 3, 26).

6. O intelecto é naturalmente apto a entender tudo o que há na natureza das coisas.

Intellectus (...) natus est omnia quae sunt in rerum natura intelligere (C.G. 3, 59).

7. Os princípios da razão são os mesmos que estruturam a natureza.

Principia (...) rationis sunt ea quae sunt secundum naturam (II-II, 154, 12).

8. Assim como a ordem da razão reta procede do homem, assim também a ordem da natureza procede do próprio Deus.

Sicut ordo rationis rectae est ab homine, ita ordo naturae est ab ipso Deo (II-II, 154, 12 ad 1).

9. O primeiro princípio de todas as ações humanas é a razão, e quaisquer outros princípios que se encontrem para as ações humanas obedecem, de algum modo, à razão.

Omnium humanorum operum principium primum ratio est, et quaecumque alia principia humanorum operum inveniantur, quodammodo rationi obediunt (I-II, 58, 2).

10. O ser do homem propriamente consiste em ser de acordo com a razão. E, assim, manter-se alguém em seu ser é manter-se naquilo que condiz com a razão.

Homo proprie est id quod est secundum rationem. Et ideo ex hoc dicitur aliquis in seipso se tenere, quod tenet se in eo, quod convenit rationi (II-II, 155 ad 1).

11. Aquilo que é segundo a ordem da razão quadra naturalmente ao homem.

Hoc (...) quod est secundum rationem ordinem est naturaliter conveniens homini (II-II, 145, 3).

12. A razão é a natureza do homem. Daí que tudo o que é contra a razão é contra a natureza do homem.

Ratio hominis est natura, unde quidquid est contra rationem, est contra hominis naturam (Mal. 14, 2 ad 8).

13. O que por natureza é dado imediatamente à razão é verdadeiríssimo, a tal ponto que nem sequer é possível pensar que seja falso.

Ea (...) quae naturaliter rationi sunt insita verissima esse constat, in tantum ut nec ea esse falsa sit possibile cogitare (C.G. 1, 7).

14. Todos os atos da vontade têm como que sua primeira raiz naquilo que o homem naturalmente quer.

Omnes actus voluntatis reducuntur, sicut in primam radicem, in id, quod homo naturaliter vult (Car. I).

15. A vontade por sua natureza é boa, daí que também seu ato natural sempre é bom. E ao dizer ato natu-

ral da vontade refiro-me a que o homem por natureza quer a felicidade, ser, viver e a bem-aventurança. Quando, porém, se trata do bem moral, a vontade em si considerada não é boa nem má, mas mantém-se em potência para o bem ou para o mal.

Voluntas secundum suam naturam est bona, unde et actus eius naturalis semper est bonus; et dico actum naturalem voluntatis, prout homo vult felicitatem naturaliter, esse, vivere, et beatitudinem. Si autem loquamur de bono morali, sic voluntas secundum se considerata nec est bona nec mala: sed se habet in potentia ad bonum vel malum (Mal. 2, 3 ad 2).

16. O primeiro ato da vontade não procede de ordem da razão, mas de instinto da natureza ou de uma causa superior.

Primus (...) voluntatis actus ex rationis ordinatione non est, sed ex instinctu naturae aut superioris causae (I-II, 17, 5 ad 3).

17. Assim como o conhecimento natural é sempre verdadeiro, também o amor natural é sempre reto, pois o amor natural não é senão a inclinação da natureza, inserida pelo autor da natureza. Portanto, afirmar que a inclinação natural não é reta é desacreditar o autor da natureza.

Sicut cognitio naturalis semper est vera; ita dilectio naturalis semper est recta: cum amor naturalis nihil aliud sit quam inclinatio naturae indita ab auctore naturae. Dicere ergo quod inclinatio naturae non sit recta, est derogare auctori naturae (I, 60, 1 ad 3).

18. A vontade não tem caráter de regra suprema, mas é uma regra que recebe sua retidão e orientação da ra-

zão e do intelecto não só em nós, mas também em Deus; se bem que, em nós, entender e querer as coisas são atos diferentes, e, por isso, não se identificam vontade e retidão da vontade. Em Deus, porém, é o mesmo e único ato entender e querer algo: daí que vontade e retidão da vontade se identifiquem.

Voluntas... non habet rationem primae regulae, sed est regula recta; dirigitur enim per rationem et intellectum, non solum in nobis sed et in Deo; quamvis in nobis sit aliud intellectus et voluntas secundum rem; et per hoc nec idem est voluntas et rectitudo voluntatis; in Deo autem est idem secundum rem intellectus et voluntas; et propter hoc est idem rectitudo voluntatis et ipsa voluntas (Ver. 23, 6).

19. A regra para a vontade humana é dúplice: uma próxima e homogênea: a própria razão humana; a outra, que é a regra primeira, é a lei eterna, que é como que a razão de Deus.

Regula (...) voluntatis humanae est duplex: una propinqua et homogenea, scilicet ipsa humana ratio; alia vero est prima regula, scilicet lex aeterna, quae est quasi ratio Dei (I-II, 71, 6).

20. O bem do homem enquanto homem está em que a razão seja perfeita no conhecimento da verdade e em que os apetites inferiores se regulem pela regra da razão. Pois, se o homem é homem, é por ser racional.

Bonum hominis, inquantum est homo, est: ut ratio sit perfecta in cognitione veritatis et inferiores appetitus regulentur secundum regulam rationis. Nam homo habet, quod sit homo, per hoc, quod sit rationalis (Virt. comm., 9)

21. Deve-se considerar que a natureza de algo é principalissimamente a forma segundo a qual se constitui a espécie da coisa. Ora, o homem é constituído em sua espécie pela alma racional. Daí que aquilo que é contra a ordem da razão seja propriamente contra a natureza do homem enquanto tal.

Considerandum est quod natura uniuscuiusque rei potissime est forma, secundum quam res speciem sortitur. Homo autem in specie constituitur per animam rationalem. Et ideo id quod est contra ordinem rationis, proprie est contra naturam hominis, inquantum est homo (I-II, 71, 2).

22. A verdade do intelecto humano tem sua regra e medida na essência da coisa. Uma opinião é verdadeira ou falsa de acordo com o que a coisa é ou não é.

Veritas intellectus humani regulatur et mensuratur ab essentia rei; ex eo enim quod res est vel non est, opinio est vera vel falsa (*Spe* I ad 7).

23. O intelecto humano recebe sua medida das coisas de tal modo que um conceito do homem não é verdadeiro por si mesmo, mas se diz verdadeiro pela consonância com a realidade. O intelecto divino, porém, é a medida das coisas, já que uma coisa tem tanto de verdade quanto reproduz em si o intelecto divino.

Intellectus humanus est mensuratus a rebus: ut scilicet conceptus hominis non sit verus propter seipsum; sed dicitur verus ex hoc quod consonat rebus. Intellectus vero divinus est mensura rerum: quia unaquaeque res intantum habet de veritate, inquantum imitatur intellectum divinum (I-II, 93, 1 ad 3).

24. (Qualquer criatura...) por ter uma certa forma e espécie representa o Verbo, porque a obra procede da concepção de quem a projetou.

(Quaelibet creatura ... secundum quod) habet quamdam formam et speciem, repraesentat Verbum: secundum quod forma artificiati est ex conceptione artificis (I, 45, 8).

Ordem

25. O que é próprio do sábio é ordenar.
Sapientis est ordinare (C.G. I, 1).

26. Fala-se de ordem sempre com relação a algum princípio.
Ordo semper dicitur per comparationem ad aliquod principium (I, 42, 3).

27. A ordem sempre implica anterioridade e posterioridade. Daí que, necessariamente, onde quer que haja um princípio, aí haverá também alguma ordem.
Ordo autem includit in se aliquem modum prioris et posterioris. Unde oportet quod ubicumque est aliquod principium, sit etiam aliquis ordo (II-II, 26, 1).

28. Tudo o que é imperfeito tende à perfeição.
Omne autem imperfectum tendit in perfectionem (I-II, 16, 4).

29. A ordem que se dá reciprocamente entre as partes do todo existe pela ordem global do todo para Deus.
Ordo, qui est partium universi ad invicem, est per ordinem qui est totius universi ad Deum (Pot. 7, 9).

30. Deus age perfeitamente como causa primeira, mas requer o agir da natureza como causa segunda. Embora Deus pudesse produzir o efeito da natureza, mesmo sem a natureza, Ele quer agir mediante a natureza, para observar a ordem das coisas.

Deus perfecte operatur ut causa prima; requiritur tamen operatio naturae ut causae secundae. Posset tamen Deus effectum naturae etiam sine natura facere. Vult tamen facere mediante natura, ut servetur ordo in rebus (Pot. 3, 7 ad 16).

31. A ordem se encontra primariamente nas próprias coisas e delas é que passa para nosso conhecimento.

Ordo autem principalius invenitur in ipsis rebus et ex eis derivatur ad cognitionem nostram (II-II, 26, 1 ad 2).

32. "O que procede de Deus é ordenado" (Rm 13, 1). E a ordem das coisas consiste em que algumas sejam por outras reconduzidas a Deus.

"Quae a Deo sunt, ordinata sunt" (Rom 13, 1). In hoc autem ordo rerum consistit, quod quaedam per alia in Deum reducuntur (I-II, 111, 1).

33. Daí que (...) haja criaturas espirituais, que retornam a Deus não só segundo a semelhança de sua natureza, mas também por suas operações. E isto, certamente, só pode se dar pelo ato do intelecto e da vontade, pois nem no próprio Deus há outra operação em relação a Si mesmo.

Oportuit (...) esse aliquas creaturas quae in Deum redirent non solum secundum naturae similitudinem, sed etiam per operationem. Quae quidem non potest esse nisi per actum intellectus et voluntatis: quia nec ipse Deus aliter erga seipsum operationem habet (C.G. 2, 46).

34. A lei divina ordena os homens entre si, de tal modo que cada um guarde sua ordem, isto é, que os homens vivam em paz uns com os outros. Pois a paz entre os homens não é senão a concórdia na ordem, como diz Agostinho.

Lex (...) divina sic homines ad invicem ordinat, ut unusquisque suum ordinem teneat, quod est homines pacem habere ad invicem. Pax enim hominum nihil aliud est quam ordinata concordia, ut Augustinus dicit (C.G. 3, 128).

35. Aproximamo-nos de Deus não por passos corporais, mas pela consideração da mente.

Ad Deum non acceditur passibus corporalibus (...) sed affectibus mentis (I, 3, 2 ad 5).

36. Pode-se considerar de dois modos a ordem entre as criaturas e Deus. Um é aquele segundo o qual as criaturas, sendo causadas por Deus, dependem dele enquanto princípio do seu ser. E, assim, pela infinitude de seu poder, Deus atinge cada coisa, causando-a e conservando-a, e é nesse sentido que se afirma que Deus está imediatamente em todas as realidades por essência, por presença e por potência. Há, porém, uma outra ordem, pela qual uma realidade tende para Deus como fim, e aí, como diz Dionísio, há mediação entre as criaturas e Deus, porque as inferiores são conduzidas a Deus pelas superiores.

Duplex ordo considerari potest inter creaturarum et Deum. Unus quidem, secundum quod creaturae causantur a Deo et dependent ab ipso sicut a principio sui esse; et sic propter infinitatem suae virtutis Deus immediate attingit quamlibet rem, causando et conservando; et ad hoc pertinet, quod Deus immediate est in omnibus per essentiam, praesentiam et potentiam. Alius autem ordo est, secundum quod res reducuntur in Deum sicut in finem; et quantum ad hoc invenitur medium inter creaturam et Deum, quia inferiores creaturae reducuntur in Deum per superiores, ut dicit Dionysius (III, 6, 1 ad 1).

37. Para cada ente, bom é aquilo que é adequado à sua forma; mau, o que fica fora da ordem de sua forma.

Unicuique (...) rei est bonum, quod convenit ei secundum suam formam; et malum, quod est ei praeter ordinem suae formae (I-II, 18, 5).

Moral

38. Somos senhores de nossas ações no sentido de que podemos escolher isto ou aquilo. Não há escolha, porém, no que diz respeito ao fim, mas somente sobre "o que se ordena ao fim" (como se diz na *Ética* de Aristóteles). Daí que o querer o último fim não é uma daquelas coisas de que somos senhores.

Sumus domini nostrorum actuum secundum quod possumus hoc vel illud eligere. Electio autem non est de fine, sed "de his quae sunt ad finem", ut dicitur in III Ethicorum. Unde appetitus ultimi finis non est de his, quorum domini sumus (I, 82, 1 ad 3).

39. O moral pressupõe o natural.

Naturalia praesupponuntur moralibus (Corr. Frat. I ad 5).

40. A graça não suprime a natureza, aperfeiçoa-a.

(Cum enim) gratia non tollat naturam, sed perficiat (I, 8, 1 ad 2).

41. As paixões de per si não têm caráter de bem nem de mal. Pois o bem e o mal do homem se dão no âmbito da razão. Daí que as paixões em si consideradas são para o bem ou para o mal, conforme correspondam à razão ou a contradigam.

Passiones ex seipsis non habent rationem boni vel mali. Bonum enim vel malum hominis est secundum rationem. Unde passiones secundum se consideratae se habent et ad bonum et ad malum, secundum quod possunt convenire rationi vel non convenire (I-II, 59, 1).

42. O natural tanto precede as virtudes conferidas pela graça como as adquiridas.

Naturalia sunt praeambula virtutibus gratuitis et acquisitis (Ver. 16, 2 ad 5).

43. A consciência é chamada de lei do nosso intelecto porque é o juízo da razão deduzido da lei natural.

Conscientia dicitur esse intellectus nostri lex, quia est iudicium rationis ex lege naturali deductum (Ver. 17, 1 ad 1).

44. Quando a razão, mesmo errando, propõe algo como preceito de Deus, então desprezar o ditame da razão é o mesmo que desprezar o preceito de Deus.

Quando ratio errans proponit aliquid ut praeceptum Dei, tunc idem est contemnere dictamen rationis et Dei praeceptum (I-II, 19, 5 ad 2)

Virtude e pecado

45. Pela virtude o homem se dirige ao máximo daquilo que pode ser.

Per virtutem ordinatur homo ad ultimum potentiae (Virt. comm. 11 ad 15).

46. É da essência da virtude que ela vise ao máximo.
Ad rationem virtutis pertinet, ut respiciat ultimum (II-II, 123, 4).

47. As virtudes nos aperfeiçoam, capacitando-nos para seguir de modo devido as inclinações naturais.
Virtutes perficiunt nos ad prosequendum debito modo inclinationes naturales (II-II, 108, 2).

48. O desordenado amor de si é a causa de qualquer pecado.
Inordinatus amor sui est causa omnis peccati (I-II, 77, 4).

49. O pecado contraria a inclinação natural.
Peccatum est contra naturalem inclinationem (I, 63, 9).

50. Tudo que vá contra a razão é pecado.
Omne quod est contra rationem (...) vitiosum est (II-II, 168, 4).

51. O pecado é uma desordem que rejeita a ordem do fim último.
Peccatum est inordinatio quae excludit ordinem finis ultimi (Mal. 15, 2).

52. O bom, o verdadeiro e o ente coincidem na coisa, mas diferem pelo título.
Bonum et verum et ens sunt idem secundum rem, sed differunt ratione (I-II, 29, 5).

53. O verdadeiro e o bem estão incluídos um no outro. Pois o verdadeiro é um certo bem, senão não seria apetecível; e o bem, um certo verdadeiro, senão não seria inteligível.

Verum et bonum se invicem includunt. Nam verum est quoddam bonum alioquin non esset appetibile; et bonum est quoddam verum, alioquin non esset intelligibile (I, 79, 11 ad 2).

54. Na realidade objetiva das coisas, o bem e a verdade são permutáveis. Daí que o bem seja entendido pelo intelecto a título de verdade; e o verdadeiro, apetecido pela vontade a título de bem.

Quia bonum et verum convertuntur secundum rem: inde est quod et bonum ab intellectu intelligitur sub ratione veri, et verum a voluntate appetitur sub ratione boni (I, 59, 2, ad 3).

55. Qualquer criatura participa da bondade, tanto quanto participa do ser.

Unaquaeque creatura quantumcumque participat de esse, tantum participat de bonitate (Ver. 20, 4).

Impresso nas oficinas da
Gráfica Palas Athena